本书受中国社会科学院—贵州省人民政府战略合作专项经费资助出版

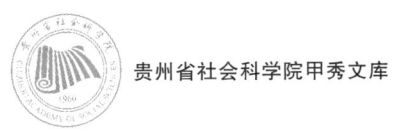 贵州省社会科学院甲秀文库

贵州脱贫攻坚的理论和实践研究

贵州省社会科学院 / 编
樊建新 等 / 著

Theoretical and
Practical Research on
Poverty Alleviation in Guizhou

当代中国出版社
Contemporary China Publishing House

图书在版编目（CIP）数据

贵州脱贫攻坚的理论和实践研究 / 贵州省社会科学院编；樊建新等著 . -- 北京： 当代中国出版社，2022.8

ISBN 978-7-5154-1192-7

Ⅰ.①贵… Ⅱ.①贵…樊… Ⅲ.①扶贫—研究—贵州 Ⅳ.① F127.73

中国版本图书馆 CIP 数据核字（2022）第 106878 号

出 版 人	冀祥德
责任编辑	邓颖君
责任校对	康　莹
印刷监制	刘艳平
装帧设计	马　帅　鲁　娟
出版发行	当代中国出版社
地　　址	北京市地安门西大街旌勇里 8 号
网　　址	http://www.ddzg.net
邮政编码	100009
编 辑 部	（010）66572744
市 场 部	（010）66572281　66572157
印　　刷	北京中科印刷有限公司
开　　本	710 毫米 ×1000 毫米　1/16
印　　张	14.5 印张　178 千字
版　　次	2022 年 8 月第 1 版
印　　次	2022 年 8 月第 1 次印刷
定　　价	78.00 元

版权所有，翻版必究；如有印装质量问题，请拨打（010）66572159 联系出版部调换。

贵州省社会科学院甲秀文库编辑委员会

主　任　吴大华　张学立
副主任　唐显良　郑云跃　索晓霞　黄　勇
成　员　许　峰　戈　弋　刘　岚　余　希

项目组名单

项目组组长：

樊建新　时任中国社会科学院马克思主义研究院党委书记、研究员，现任政治学研究所党委书记、研究员

项目组成员：

侯为民　中国社会科学院马克思主义研究院思想政治教育研究室原主任、研究员

张福军　中国社会科学院马克思主义研究院政治经济学研究室主任、副研究员

郭　丽　贵州省社会科学院马克思主义研究所所长、研究员

彭五堂　中国社会科学院马克思主义研究院马克思主义发展史研究室副研究员

齐建国　中国社会科学院马克思主义研究院办公室主任

贵州省社会科学院甲秀文库出版说明

近年来,贵州省社会科学院坚持"出学术精品、创知名智库"的高质量发展理念,资助出版了一批高质量的学术著作,在院内外产生了良好反响,提高了贵州省社会科学院的知名度和美誉度。经过几年的探索,现着力打造"甲秀文库"和"博士/博士后文库"两大品牌。

甲秀文库,得名于贵州省社会科学院坐落于甲秀楼旁。该文库主要收录院内科研工作者和战略合作单位的高质量成果,以及院举办的高端会议论文集等。每年根据成果质量、数量和经费情况,全额资助若干种著作出版。

在中国共产党成立100周年之际,我们定下这样的目标:再用10年左右的功夫,将甲秀文库打造为在省内外、在全国社科院系统具有较大知名度的学术品牌。

贵州省社会科学院
2021年1月

目录
contents

前　言 ·· 1

第一章
贵州脱贫攻坚成功实践的理论指引 ················· 3

一、打赢全面脱贫攻坚战的理论指引 ················· 5

（一）党的领导是打赢脱贫攻坚战的根本保证 ········· 5

（二）把脱贫攻坚任务摆在全面建成小康社会的突出

位置 ······································· 10

（三）坚持人民主体地位是脱贫攻坚的前提和基础 ····· 13

（四）始终坚持精准扶贫、共同参与的科学方法 ······· 16

（五）严格考核评估是打赢脱贫攻坚战的重要保障 ····· 19

二、对贵州脱贫攻坚工作的重要指示批示 ············· 21

三、理论指引下的贵州脱贫攻坚成功实践 ············· 25

（一）守好发展和生态两条底线，变绿水青山为金山

银山 ······································· 25

（二）扶贫力求精准 ····························· 27

（三）落实"四个切实"，推动易地搬迁扶贫 ········· 28

（四）切实加强基层党组织建设 ………………………… 31
　　（五）大扶贫格局强化攻坚合力 …………………………… 32
　　（六）把扶贫和扶智结合起来，加强贫困地区人才
　　　　　培养 ………………………………………………… 33

第二章
党建引领为贵州脱贫攻坚提供坚强政治保障 ……………… 35
　一、加强基层党组织建设，为脱贫攻坚提供有力组织保障 …… 37
　二、以党建引领产业发展，夯实脱贫攻坚根基 ………………… 39
　三、在共产党领导下的多党合作助推脱贫攻坚 ………………… 40
　　（一）教育扶贫方面 ………………………………………… 41
　　（二）生态扶贫方面 ………………………………………… 41
　　（三）产业扶贫方面 ………………………………………… 42
　　（四）医疗扶贫方面 ………………………………………… 42
　　（五）培训扶贫方面 ………………………………………… 42
　　（六）基础设施扶贫方面 …………………………………… 43
　四、改进脱贫工作方法，加强党员干部脱贫绩效考核检查 …… 43
　五、在发挥党员模范作用上精准发力 …………………………… 45

第三章
实施大扶贫战略，以脱贫攻坚统揽经济社会发展全局 ……… 49
　一、立足省情，顶层设计 ………………………………………… 51
　　（一）创造性地提出大扶贫战略 …………………………… 51
　　（二）用脱贫攻坚统揽经济社会发展全局 ………………… 52
　二、强化领导，狠抓落实 ………………………………………… 56
　　（一）领导主抓，尽锐出战 ………………………………… 56

（二）精心部署，扎实推进 …………………………… 61
三、多方使力，多措并举 ………………………………………… 69
　　（一）社会扶贫的贵州实践 …………………………… 70
　　（二）教育扶贫的贵州经验 …………………………… 76
　　（三）医疗健康扶贫的贵州特色 ……………………… 81
四、科技助力，精准扶贫 ………………………………………… 83
　　（一）建设精准扶贫数据库，实现扶贫领域数据资源
　　　　　共享 …………………………………………………… 84
　　（二）利用各种数据平台助力农村脱贫攻坚 ………… 84
　　（三）发挥大数据技术优势，助推农村产业革命 …… 86
　　（四）利用大数据高效推进民生扶贫 ………………… 88
五、精准脱贫，巩固成果 ………………………………………… 89
　　（一）健全退出机制，确保合理退出 ………………… 89
　　（二）巩固脱贫成果，创新防贫机制 ………………… 89

第四章
全面深化农村改革，激发脱贫新动力 …………………………… 93
一、"三变"改革激活农村经济，拓宽脱贫渠道 ……………… 95
　　（一）"三变"改革盘活了农村资源 …………………… 95
　　（二）"三变"改革催生出多种扶贫模式 ……………… 99
二、发展壮大集体经济助力减贫脱贫的塘约模式 …………… 102
　　（一）塘约模式是农村整体脱贫致富的成功实践 …… 103
　　（二）塘约经验对我国脱贫攻坚和乡村振兴具有重要
　　　　　借鉴意义 …………………………………………… 105
三、农村产业革命为农户脱贫和乡村振兴奠定经济基础 …… 108
　　（一）全方位推进农村产业革命，培育自我发展内
　　　　　生动力 ……………………………………………… 109

（二）农村产业革命的成功案例——镇宁布依族苗族
　　　　自治县蜂糖李产业 …………………………………… 111

第五章
突出易地搬迁工作重点，推进整村脱贫 ………………… 117

一、顶层设计，围绕脱贫抓搬迁 ………………………………… 119
　　（一）创新"五个三"工作体系 ………………………………… 120
　　（二）形成"六个坚持"易地搬迁模式 ………………………… 121
二、遵循规律，突出整体扶贫方向 ……………………………… 122
　　（一）集中搬迁，力求去掉"穷根" …………………………… 122
　　（二）自然村寨整体搬迁为主，扶贫资源集中使用 ………… 124
　　（三）着眼搬迁长期效应，阻断代际贫困 …………………… 125
三、先行先试，发挥政府主导功能 ……………………………… 126
　　（一）起步最早，试点先行，逐步推开 ……………………… 126
　　（二）率先出台政策，注重各类政策衔接 …………………… 126
　　（三）严格制定易地搬迁补助标准和住房建设标准 ………… 127
　　（四）科学编制规划，加强易地扶贫搬迁兜底保障 ………… 128
　　（五）构建"五个体系"，促进搬迁农户融入城镇 …………… 129
　　（六）建立健全贫困退出机制，规范贫困人口退出
　　　　标准和程序 …………………………………………… 130
四、立足土地公有属性，发挥集体经济龙头作用 ……………… 131
　　（一）以土地规划带动移民安置，发挥土地集体
　　　　所有制优势 …………………………………………… 131
　　（二）以集体土地为基础，理顺搬迁过程中利益
　　　　关系 …………………………………………………… 132
　　（三）盘活农村集体经营性资产，带动贫困户脱贫 ……… 133

目录

五、坚持效率标准，推动科学选址和集中安置 ……………… 134
 （一）注重统一推进，以县为单位集中建设 …………… 135
 （二）面向贫困群体实际需求，以自愿为原则 ………… 136
 （三）强调整体协同，实施同步规划 …………………… 136
 （四）精准选择安置点，规范安置区布局 ……………… 137
 （五）推进资本置换，依托小城镇集中安置 …………… 137
六、分层分类规划，创新搬迁农户安置就业形式 …………… 138
 （一）做好精准扶贫识别工作，为移民安置就业
    奠定基础 ………………………………………… 139
 （二）发挥国有（集体）农场作用，促进贫困户
    就业 ……………………………………………… 140
 （三）依托企业，带动贫困户就业 ……………………… 141
 （四）依托中心村和产业园就业 ………………………… 141

第六章
发挥各类资源优势，形成脱贫合力 ……………………………… 143

一、立足生态红利，推进生态扶贫脱贫 ……………………… 145
 （一）生态移民和生态开发并重，促进生态扶贫 ……… 145
 （二）发展林下经济，促进生态就业 …………………… 148
 （三）开展生态补偿，带动贫困人口脱贫 ……………… 149
 （四）依托生态资源，开展旅游脱贫 …………………… 151
二、发挥自然资源优势，推进特色产业脱贫 ………………… 153
 （一）重视自身造血功能，发展现代农业生产体系 …… 153
 （二）培育壮大特色产品，推进特色产业扶贫 ………… 155
 （三）优化农业种植结构，立足资源禀赋扶贫 ………… 158
 （四）根据地区特点发展主导产业，带动贫困户脱贫 …… 160

三、借力扶贫和开发资金，强化扶贫和脱贫投入 …………… 162
  （一）用好用活财政资金，强化脱贫投入保障 …………… 162
  （二）加强东西部扶贫协作，打造对口扶贫脱贫
    新模式 …………………………………………………… 165
  （三）创新资金筹集方式，加强扶贫资金统一管理 ……… 168
四、加快基础设施建设，带动贫困户与大市场对接 …………… 170
  （一）坚持交通建设先行，畅通物流信息流体系 ………… 170
  （二）完善生产生活基础设施，加强住房保障和
    饮水安全 ………………………………………………… 172
五、扶贫扶智和扶志相结合，推进党建扶贫和教育扶贫 ……… 174
  （一）多管齐下助"立志"，发挥党建扶贫引领
    作用 ……………………………………………………… 175
  （二）提升就业技能带动脱贫，加强文化扶贫 …………… 178
  （三）坚持扶贫与扶智相结合，大力推动教育扶贫 ……… 181

第七章
世界减贫史上的"贵州印记"及其历史贡献 …………………… 185
一、发挥政治经济文化优势组合效应的脱贫攻坚模式 ………… 188
  （一）贵州脱贫攻坚模式与中国特色社会主义政治
    优势的统一 ……………………………………………… 188
  （二）贵州脱贫攻坚模式与中国特色社会主义经济
    制度优势的结合 ………………………………………… 189
  （三）贵州脱贫攻坚模式与中国优秀传统文化基因
    优势的贯通 ……………………………………………… 192
二、内嵌于经济社会发展规划的脱贫攻坚目标化管理 ………… 193
  （一）"突出重点，统揽全局"的脱贫攻坚模式 ………… 193

（二）"整体筹措，渐进调整"的目标化管理方式 ……… 195

三、遵循产业发展内在规律的脱贫路径 …………………… 197
  （一）以稳农兴农为本带动脱贫 ………………………… 198
  （二）以脱贫为中心积极推动农业变革 ………………… 199
  （三）推动脱贫与产业发展有机结合 …………………… 199

四、依托供给侧结构性改革的脱贫攻坚方略 ……………… 200
  （一）加大扶贫脱贫的要素供给，推动脱贫攻坚 ……… 201
  （二）理顺利益关系，发挥各类经济主体扶贫作用 …… 203
  （三）加大涉贫投入，强化贫困人口脱贫保障 ………… 203

五、与乡村振兴相衔接的脱贫政策和管理机制 …………… 204
  （一）坚持"输血扶贫"与"造血扶贫"相结合 ……… 205
  （二）稳定贫困户扶持机制和政策体系 ………………… 207
  （三）乡村建设与脱贫攻坚同步，推动城乡融合
     一体化发展 ……………………………………… 208
  （四）强化兜底制度，促进农村低保与扶贫开发
     政策衔接 ………………………………………… 208

六、脱贫攻坚与乡村振兴相衔接之贵州经验 ……………… 209
  （一）加强预警监测，巩固脱贫和防止返贫 …………… 210
  （二）加强基层党建，在乡村治理上做到有机衔接 …… 211
  （三）完善产业体系，在发展连续性上做到有机
     衔接 ……………………………………………… 212
  （四）突出文化引领，在乡村文明上做到有机衔接 …… 213
  （五）强化人才支撑，在智力支持上做到有机衔接 …… 214
  （六）坚持绿色发展，在生态宜居上做到有机衔接 …… 214

后　记 ……………………………………………………… 216

前　言

地处云贵高原的贵州省遍布山地丘陵，素有"八山一水一分田"之称。恶劣的农耕条件和交通条件使贵州省的经济发展在全国长期处于落后地位，贫困发生率多年位居全国前列。党的十八大以来，贵州省委、省政府全面贯彻落实习近平总书记关于脱贫攻坚的重要论述，把脱贫攻坚作为头等大事和第一民生工程，坚持以脱贫攻坚统揽经济社会发展全局，把脱贫攻坚行动融入经济建设、政治建设、文化建设、社会建设、生态文明建设的各个方面。在短短的几年时间，贵州的脱贫攻坚工作取得了巨大成效，贫困发生率连年快速下降。到2020年年底，贵州省顺利完成了全面脱贫的艰巨任务。贵州省的脱贫攻坚工作站位高、思路新、谋划到位、措施得力、方法多样，值得认真研究总结。

第一章
贵州脱贫攻坚成功实践的理论指引

第一章 贵州脱贫攻坚成功实践的理论指引

党的十八大以来,习近平总书记站在全面建成小康社会、实现中华民族伟大复兴中国梦的战略高度,在重要时点、重要会议、重大场合反复强调脱贫攻坚的重要性,把脱贫攻坚摆到治国理政的突出位置,提出一系列新思想、新观点,深刻把握和回答了新时代中国特色社会主义扶贫工作的重大理论和实践问题。习近平总书记关于我国扶贫工作的重要论述,是对我国改革开放40多年来扶贫经验的总结和提升,是习近平新时代中国特色社会主义思想的重要内容,也是贵州省打赢脱贫攻坚战的根本遵循和行动指南。

一、打赢全面脱贫攻坚战的理论指引

(一)党的领导是打赢脱贫攻坚战的根本保证

2015年11月,习近平总书记指出:"越是进行脱贫攻坚战,越是要加强和改善党的领导。各级党委和政府必须坚定信心、勇于担当,把脱贫职责扛在肩上,把脱贫任务抓在手上。各级领导干部要保持顽强的工作作风和拼劲,满腔热情做好脱贫攻坚工作。……坚持以脱贫攻坚统揽经济社会发展全局。要层层签订脱贫攻坚责任书、立下军令状。要建立年度脱贫攻坚报告和督察制度,加强督察问责。要把脱贫攻坚实绩作为选拔任用干部的重要依据,在脱贫攻坚第一线考察识别干部,激励各级干部到脱贫攻坚战场上大显身手。要把夯实农村基层党组织同脱贫攻坚有机结合起来，选好一把手、配强领导班子。"① 习近平总书记的这一重要论述，阐明我国脱贫攻坚必须发挥党的统一领导这一制度优势，强调脱贫攻坚必须强化领导干部的责任意识和担当意识。

办好中国的事情，关键在党，关键是要发挥党总揽全局、协调各方的作用。党的十八大以来，习近平总书记在中央经济工作会议、中央扶贫开发工作会议、脱贫攻坚座谈会、中央政治局集体学习会等重要讲话中，反复强调要坚持和加强党对脱贫攻坚的领导，确保各级党组织成为打赢脱贫攻坚的组织保证。

一是要发挥党领导一切的制度优势，保证脱贫攻坚目标如期完成。习近平总书记指出："切实落实领导责任。坚持党的领导，发挥社会主义制度可以集中力量办大事的优势，这是我们的最大政治优势。"② 党的集中统一领导是增进人民福祉、实现人民幸福的政治保障，也是完成各项历史任务的最大优势。没有党的集中统一领导，脱贫攻坚工作就无法做到整体统筹和协同推进，其目标任务就无法按时完成。中国共产党是党性和人民性高度统一的政党，具有强大的号召力，以及统筹各种资源、汇聚各方力量的能力；中国共产党也具有高效的决策力，能够正确面对脱贫攻坚工作中出现的困难和挑战，及时作出符合人民利益需求的决策；中国共产党还具有坚定的执行力，能够在决策作出之后，言出法随、令行禁止，以不获全胜绝不收兵的拼劲贯彻到底。

中国共产党领导是中国特色社会主义制度的最大优势。要发挥社会主义制度优越性，推动脱贫攻坚取得实效，必须加强和完善党的领导，充分发挥党总揽全局、协调各方的作用。2020年年末我国实现全面建成小康社会，实现贫困人口如期脱贫，是中国共产党的庄严承诺，但实

---

① 《习近平：脱贫攻坚战冲锋号已经吹响　全党全国咬定目标苦干实干》，《人民日报》2015年11月29日，第1版。
② 中共中央党史和文献研究院编：《习近平扶贫论述摘编》，中央文献出版社2018年版，第35页。

现这个目标，绝不是轻轻松松就能完成的，前提条件就是必须要坚持和完善党的领导。习近平总书记指出："脱贫攻坚，加强领导是根本。必须坚持发挥各级党委总揽全局、协调各方的作用，落实脱贫攻坚一把手负责制，省市县乡村五级书记一起抓，为脱贫攻坚提供坚强政治保证。"① 不断加强和改善党的领导，要通过组织制定脱贫攻坚的重大决策部署，加强和完善脱贫攻坚干部队伍建设，安排重大扶贫工程项目，协调解决重大关键问题，建立和完善脱贫攻坚长效机制等，切实发挥党的领导核心作用，把好方向、谋好大局。

二是要落实党委主要责任，强化分级负责机制。贫困作为世界性的难题，仅凭贫困群众自身是难以解决的，需要在自力更生的基础上得到足够的外部援助，特别是让党组织明确责任并充分发挥主导作用。由于社会主义国家特有的政治优势和制度优势是资本主义国家无法比拟的，中国共产党作为中国工人阶级的先锋队、中国人民和中华民族的先锋队，是中国特色社会主义事业的坚强领导核心；各级政府作为行政决策者，在资源配置中拥有较大的话语权和主导权，可以弥补市场的局限和缺陷。党委在脱贫攻坚中究竟如何定位，发挥什么样的作用？对此，习近平总书记指出："实现贫困人口如期脱贫，是我们党向全国人民作出的郑重承诺。责任重于泰山，各级党委和政府一定要不辱使命。要强化扶贫开发工作领导责任制，把中央统筹、省负总责、市（地）县抓落实的管理体制，片为重点、工作到村、扶贫到户的工作机制，党政一把手负总责的扶贫开发工作责任制，真正落到实处。什么东西只有抓得很紧，毫不放松，才能抓住。抓一阵子松一阵子，热一阵子冷一阵子，就会'沙滩流水不到头'。"②

---

① 习近平：《在打好精准脱贫攻坚战座谈会上的讲话》，《求是》2020年第9期。
② 中共中央党史和文献研究院编：《习近平扶贫论述摘编》，中央文献出版社2018年版，第35页。

贵州脱贫攻坚的理论和实践研究

在推进脱贫攻坚的伟大实践中,要利用好、发挥好社会主义集中力量办大事这一制度优势,明确并不断强化各级党委、政府的脱贫主体责任,充分发挥党组织在脱贫攻坚中的主导作用,构筑"主体联动、协调唱戏"的有效平台。从扶贫制度机制运行的情况看,实施"政府主导、社会参与、群众联动"的脱贫攻坚模式是行之有效的重大举措。因此,只有发挥好党组织在脱贫攻坚中的主导作用,才能确保改革发展成果由全体人民共享,才能更有效地利用全社会的资源和力量,不断克服脱贫攻坚征途中遇到的种种障碍,最终实现脱贫致富、全面小康的目标。

三是要发挥党组织的战斗堡垒作用,强化基层组织功能。习近平总书记指出:"扶贫开发,要给钱给物,更要建个好支部。要把扶贫开发同基层组织建设有机结合起来,抓好以村党组织为核心的村级组织配套建设,选好配强村级领导班子,鼓励和选派思想好、作风正、能力强、愿意为群众服务的优秀年轻干部、退伍军人、高校毕业生到贫困村工作,落实好向贫困地区村党组织选派第一书记举措,真正把基层党组织建设成带领群众脱贫致富的坚强战斗堡垒。"① 一些贫困地区的基层党组织涣散,缺乏战斗力和凝聚力,严重影响扶贫政策的实施,侵蚀党的执政基础和执政能力。在脱贫攻坚过程中,需要加强基层党组织建设,发挥贫困地区基层党组织的战斗堡垒作用,夯实脱贫攻坚的基础工程。只有把基层党组织建设融入脱贫攻坚全过程,以脱贫攻坚为契机推进基层党组织实现高质量发展,才能推动脱贫攻坚工作取得实效。

为了充分发挥基层党组织的作用,必须选拔任用德才兼备的领导干部。选派驻村干部是脱贫攻坚行动中普遍推行的成功做法。各级派驻单位要当好挂职扶贫干部的坚强后盾,确保第一书记和驻村干部用心、用

---

① 中共中央党史和文献研究院编:《习近平扶贫论述摘编》,中央文献出版社2018年版,第37页。

情、用力做好帮扶工作,这对充分发挥驻村干部的引领作用具有重要意义。各级派出单位要定期听取驻村干部的工作汇报,定期到贫困村进行调研,了解贫困村的真实帮扶需求,从资金、政策、项目和技术等方面切实解决贫困村的实际问题。同时各级派出单位要从政治、生活、经济等方面多关心支持驻村干部,解决驻村干部后顾之忧,确保驻村干部驻得下、融得进、干得好。驻村干部要在派出单位和上级党委的领导下,紧紧依靠广大人民群众,因村施策,着重解决农村基层存在的组织领导不力、班子内耗严重和漠视群众利益等突出问题,并建立长效机制,推进脱贫攻坚切实取得实效。

四是要加强干部队伍作风建设。干部队伍作风是干部队伍能力的重要表现,是增强干部队伍凝聚力和向心力的重要抓手,是打赢脱贫攻坚战的重要保障。习近平总书记指出:"脱贫计划脱离实际随意提前,政策举措不落实,帮扶工作走形式,盲目降低扶贫标准,挖空心思搞数字脱贫、虚假脱贫,违纪违规使用扶贫资金,等等。出现这些问题,根源是缺乏正确政绩观,没有落实以人民为中心的发展思想,没有把让贫困地区群众获得实实在在的好处作为脱贫攻坚工作的着眼点和落脚点。急功近利、形式主义,急的是一时之功,图的是一己之利,损害的是贫困群众切身利益,影响党对人民承诺的兑现,损害党和政府公信力。对这些苗头性、倾向性问题,要及时发现、及时整改,坚决防止其蔓延开来。打赢脱贫攻坚战绝非朝夕之功,不是轻轻松松冲一冲就能解决的。各地区要牢固树立'四个意识',以对党、对人民、对历史负责的态度,扎扎实实做好工作。"① 因此,要进一步加强脱贫攻坚干部队伍思想作风、工作作风和生活作风等建设,始终保持干部求真务实的工作状态,始终保持健康的生活情趣,使广大干部在推进脱贫攻坚的事业中建

---

① 中共中央党史和文献研究院编:《习近平扶贫论述摘编》,中央文献出版社 2018 年版,第 119 页。

功立业，实现自我价值。

基于此，习近平总书记在2021年2月25日召开的全国脱贫攻坚总结表彰大会上特别强调："我们坚持党中央对脱贫攻坚的集中统一领导，把脱贫攻坚纳入'五位一体'总体布局、'四个全面'战略布局，统筹谋划，强力推进。我们强化中央统筹、省负总责、市县抓落实的工作机制，构建五级书记抓扶贫、全党动员促攻坚的局面。我们执行脱贫攻坚一把手负责制，中西部22个省份党政主要负责同志向中央签署脱贫攻坚责任书、立下'军令状'，脱贫攻坚期内保持贫困县党政正职稳定。我们抓好以村党组织为核心的村级组织配套建设，把基层党组织建设成为带领群众脱贫致富的坚强战斗堡垒。我们集中精锐力量投向脱贫攻坚主战场，全国累计选派25.5万个驻村工作队、300多万名第一书记和驻村干部，同近200万名乡镇干部和数百万村干部一道奋战在扶贫一线，鲜红的党旗始终在脱贫攻坚主战场上高高飘扬。"①

（二）把脱贫攻坚任务摆在全面建成小康社会的突出位置

改革开放以来，中国共产党把发展生产力、提高广大人民生活水平作为全部工作的中心任务。20世纪末，我国人民生活总体达到了小康水平，但这是不全面的小康，城乡和区域之间发展不平衡的现象十分突出，中西部农村地区还存在大量的贫困人口。因此，党的十六大提出要全面建设小康社会、彻底消除绝对贫困现象。经过10年建设，党的十八大明确作出了到2020年全面建成小康社会的庄严承诺。

加快推进脱贫攻坚，实现共同富裕是我国现代化建设过程中的一项重要任务，是实现全面建成小康社会的必由之路，是让广大农村贫困地区人民和全国人民一起进入小康社会的必然选择。农村特别是贫困农村

---

① 习近平：《在全国脱贫攻坚总结表彰大会上的讲话》，《人民日报》2021年2月26日，第2版。

第一章 贵州脱贫攻坚成功实践的理论指引

地区是全面建成小康社会任务最艰巨、最繁重的地区,要达到全面建成小康社会的目标,必须实现农村的全面小康,特别是贫困地区农村的全面小康。在全面建成小康社会的决胜阶段,农村贫困地区是我国实现全面小康的最大短板。习近平总书记指出:"全面建成小康社会,最艰巨的任务是脱贫攻坚,最突出的短板在于农村还有七千多万贫困人口。"① 因此,要全面建成小康社会关键是把经济社会发展的"短板"补上,重要内容就是实现农村贫困人口脱贫和改变农村贫困地区落后面貌。

加快推进脱贫攻坚,实现共同富裕是在决胜全面小康社会的历史方位中作出的重大战略部署,是全面建成小康社会的客观要求,也是全面建成小康社会的标志性指标。习近平总书记指出,实现第一个百年奋斗目标的标志性指标之一就是农村贫困人口全部脱贫。② 如果到全面建成小康社会时,农村还有几千万贫困人口仍然没有脱贫,贫困地区的面貌迟迟得不到有效改善,那么我们建成的小康社会就是不全面的,不能满足广大人民的期待,也得不到国际社会的认可。因此,在实现全面建成小康社会战略目标的历史进程中,必须要把脱贫攻坚摆在更加突出位置,切实改善贫困地区民生状况,坚持以人民为中心的发展理念,让贫困地区和贫困人口享受更多的改革发展的成果,在全面建成小康社会征程中一个地区、一个人都不能掉队。

习近平总书记指出:"我们搞社会主义,就是要让各族人民都过上幸福美好的生活。全面建成小康社会最艰巨最繁重的任务在贫困地区,特别是在深度贫困地区,无论这块硬骨头有多硬都必须啃下,无论这场攻坚战有多难打都必须打赢,全面小康路上不能忘记每一个民族、每一

---

① 中共中央党史和文献研究院编:《十八大以来重要文献选编》(下),中央文献出版社 2018 年版,第 29 页。
② 参见中共中央党史和文献研究院编:《十八大以来重要文献选编》(下),中央文献出版社 2018 年版,第 29 页。

个家庭。"①

习近平总书记在2021年2月25日召开的全国脱贫攻坚总结表彰大会上特别强调:"我们始终坚定人民立场,强调消除贫困、改善民生、实现共同富裕是社会主义的本质要求,是我们党坚持全心全意为人民服务根本宗旨的重要体现,是党和政府的重大责任。我们把群众满意度作为衡量脱贫成效的重要尺度,集中力量解决贫困群众基本民生需求。我们发挥政府投入的主体和主导作用,宁肯少上几个大项目,也要优先保障脱贫攻坚资金投入。8年来,中央、省、市县财政专项扶贫资金累计投入近1.6万亿元,其中中央财政累计投入6601亿元。打响脱贫攻坚战以来,土地增减挂指标跨省域调剂和省域内流转资金4400多亿元,扶贫小额信贷累计发放7100多亿元,扶贫再贷款累计发放6688亿元,金融精准扶贫贷款发放9.2万亿元,东部9省市共向扶贫协作地区投入财政援助和社会帮扶资金1005亿多元,东部地区企业赴扶贫协作地区累计投资1万多亿元,等等。我们统筹整合使用财政涉农资金,强化扶贫资金监管,确保把钱用到刀刃上。真金白银的投入,为打赢脱贫攻坚战提供了强大资金保障。"② 因此,如果不能消除贫困,国家很难维持稳定,如果没有稳定的环境,经济社会发展就会受阻,如期全面建成小康社会就会缺乏保障。同时,推进脱贫攻坚,实现共同富裕不仅仅是经济问题,也是关系国家长治久安的重大政治性问题。我国区域经济发展不平衡,贫困地区有很大一部分是民族地区和边疆地区,这些地区推进脱贫攻坚,对加快民族地区、边疆地区经济社会发展,促进民族地区、边疆地区人民生活水平的改善,进而促进民族团结、维护边疆稳定具有

---

① 习近平:《二〇一八年春节前夕赴四川看望慰问各族干部群众时的讲话》,《人民日报》2018年2月14日。

② 习近平:《在全国脱贫攻坚总结表彰大会上的讲话》,《人民日报》2021年2月26日,第2版。

重要意义。因此,推进脱贫攻坚为全面建成小康社会提供重要保障,它对促进社会稳定、国家安定、民族团结具有重大意义。

(三) 坚持人民主体地位是脱贫攻坚的前提和基础

坚持以人民为中心是习近平新时代中国特色社会主义思想的重要内容,基本内涵是坚持人民主体地位,发展为了人民、发展依靠人民、发展成果由人民共享。它是对新时代坚持和发展中国特色社会主义的根本立场、根本目的、动力和趋向等的科学回答。

马克思主义深刻阐明,人民群众是物质财富和精神财富的创造者,也是推动社会进步的决定性力量。一切依靠群众,一切为了群众,是党的群众路线工作方式的基本要求。因此,在脱贫攻坚行动中,只有充分尊重贫困群众的主体地位,发挥贫困群众的能动性和创造性,才能更好地实现脱贫致富的宏伟目标。为此,习近平总书记强调:"脱贫攻坚工作要实打实干,一切工作都要落实到为贫困群众解决实际问题上,切实防止形式主义,不能搞花拳绣腿,不能搞繁文缛节,不能做表面文章。"① 同时,他还多次指出,贫困地区要实现脱贫致富目标固然需要国家支持、社会帮助,但是内因才是影响事物发展的根本原因,实现脱贫致富的目标最终需要贫困群众的自力更生和艰苦创业。2012 年在河北省阜平县考察扶贫开发工作时,习近平总书记就将以人民为中心思想用于扶贫开发工作中,提出了"贫困地区发展要靠内生动力"这一重要脱贫理念。② 在改革开放实践中形成的脱贫攻坚战略是对新时代坚持以人民为中心思想生动的诠释。

习近平总书记还指出:"人民对美好生活的向往,就是我们的奋斗

---

① 习近平:《在深度贫困地区脱贫攻坚座谈会上的讲话》,人民出版社 2017 年版,第 19 页。
② 习近平:《做焦裕禄式的县委书记》,中央文献出版社 2015 年版,第 17 页。

目标。"① 这一重要论述阐明了党的根本宗旨，即始终把人民的利益放在最高位置，始终为人民利益和幸福而努力奋斗。从马克思主义发展理论的逻辑视野研究脱贫攻坚战略，可以发现其始终贯穿着以人民为中心的基本方略。无论在打赢脱贫攻坚战的决胜阶段，还是进入发展新阶段乡村振兴战略的实施，加强对脱贫攻坚战略的学习和研究，有助于我们更好地遵循脱贫攻坚工作的内在规律，夺取脱贫攻坚战的伟大胜利，在实践中贯彻、落实以人民为中心的思想。

一是要始终坚持脱贫为了人民。打赢脱贫攻坚战是实现人民对美好生活向往要求的必然选择，是实现共同富裕的基本途径，也是发挥社会主义制度优越性的必然要求。始终同人民在一起，为人民利益而奋斗是中国共产党一贯追求的目标。纵观中国共产党的历史，革命、建设和改革的目的都是为人民谋幸福，为中华民族谋复兴。实现共同富裕是社会主义本质要求，体现了以人民为中心的发展理念。习近平总书记强调，我们追求的发展是造福人民的发展，我们追求的富裕是全体人民共同富裕。② 在脱贫攻坚过程中，必须坚持人民导向，以满足人民对美好生活向往作为出发点和落脚点，加大扶贫投入，创新扶贫方式，切实增强人民的获得感和满足感。

二是要始终坚持脱贫依靠人民。人民是历史的创造者，是社会进步的主体力量，必须要紧紧依靠人民来创造历史伟业，离开人民必将一事无成。习近平总书记指出："脱贫攻坚，群众动力是基础。必须坚持依靠人民群众，充分调动贫困群众积极性、主动性、创造性，坚持扶贫和扶志、扶智相结合，正确处理外部帮扶和贫困群众自身努力关系，培育

---

① 中共中央党史和文献研究院编：《十八大以来重要文献选编》（上），中央文献出版社2014年版，第70页。
② 《中共中央召开党外人士座谈会 习近平主持并发表重要讲话》，人民网2015年10月31日，http://jhsjk.people.cn/article/27760713，最后访问时间：2022年3月18日。

贫困群众依靠自力更生实现脱贫致富意识，培养贫困群众发展生产和务工经商技能，组织、引导、支持贫困群众用自己辛勤劳动实现脱贫致富，用人民群众的内生动力支撑脱贫攻坚。"① 因此，在脱贫攻坚过程中坚持以人民为中心的发展理念，必须要紧紧依靠人民，发挥贫困人口在脱贫攻坚中的主体地位，这样才能打赢脱贫攻坚战。

三是要始终坚持脱贫成效由人民评判。党和政府的工作成效最终由人民进行评价，人民是历史的最终评判者。在评价脱贫攻坚成效时，习近平总书记指出："要设定时间表，实现有序退出。……既要防止拖延病，又要防止急躁症。……要留出缓冲期，在一定时间内实行摘帽不摘政策。……要实行严格评估，按照摘帽标准验收。……要实行逐户销号，做到脱贫到人。……脱没脱贫。要同群众一起算账，要群众认账。"② 坚持贫困地区人民群众是脱贫攻坚工作的评判主体，是脱贫攻坚工作成效的最高裁决者和最终评判者的思想，体现在脱贫攻坚战略的各个环节。因此，面对艰巨的脱贫攻坚任务，我们面临的考验远远没有结束，要以人民满不满意、答不答应作为衡量脱贫攻坚成效的最终标准，努力向人民交出一份优异的答卷。

习近平总书记在2021年2月25日召开的全国脱贫攻坚总结表彰大会上特别强调："坚持调动广大贫困群众积极性、主动性、创造性，激发脱贫内生动力。'志之难也，不在胜人，在自胜。'脱贫必须摆脱思想意识上的贫困。我们注重把人民群众对美好生活的向往转化成脱贫攻坚的强大动能，实行扶贫和扶志扶智相结合，既富口袋也富脑袋，引导贫困群众依靠勤劳双手和顽强意志摆脱贫困、改变命运。我们引导贫困群众树立'宁愿苦干、不愿苦熬'的观念，鼓足'只要有信心，黄土

---

① 中共中央党史和文献研究院编：《习近平扶贫论述摘编》，中央文献出版社2018年版，第143页。
② 中共中央党史和文献研究院编：《十八大以来重要文献选编》（下），中央文献出版社2018年版，第44—45页。

变成金'的干劲,增强'弱鸟先飞、滴水穿石'的韧性,让他们心热起来、行动起来。"① 习近平总书记的上述重要论述是对我国脱贫攻坚成功经验的科学总结和精准概括。

(四)始终坚持精准扶贫、共同参与的科学方法

习近平总书记特别强调脱贫攻坚不能大而化之,不能搞大水漫灌,要坚持实事求是的科学态度,提出要实施"精准扶贫","精准扶贫"是习近平新时代中国特色社会主义思想的重要组成内容。2012年年底,习近平总书记到河北阜平老区考察时,初步提出"精准扶贫"思想。2013年11月,习近平总书记到湖南湘西考察时,首次提出了"精准扶贫"概念。2015年6月,习近平总书记在贵州又讲了"六个精准",即"扶贫对象精准、项目安排精准、资金使用精准、措施到户精准、因村派人(第一书记)精准、脱贫成效精准"。2015年年底,中央扶贫开发工作会议正式把"精准扶贫"纳入脱贫攻坚总体战略规划中。

习近平总书记反复强调"精准扶贫",实质上就是告诉我们在"脱贫攻坚"中要坚持一切从实际出发、实事求是的思想路线,要摸清情况,对症下药。

一是以"精准扶贫"找准扶贫对象。"脱贫攻坚"必须首先搞清楚扶贫的对象是谁,才能做到有的放矢。因此,习近平总书记强调:"解决好'扶持谁'的问题。扶贫必先识贫。建档立卡在一定程度上摸清了贫困人口底数,但这项工作要进一步做实做细,确保把真正的贫困人口弄清楚,只有这样,才能做到扶真贫、真扶贫。要提高统计数据质量,既不要遗漏真正的贫困人口,也不要把非贫困人口纳入扶贫对象。要把贫困人口、贫困程度、致贫原因等搞清楚,以便做到因户施策、因

---

① 习近平:《在全国脱贫攻坚总结表彰大会上的讲话》,《人民日报》2021年2月26日,第2版。

人施策。"① 也就是说,扶贫首先要搞清楚扶贫的对象,摸清家底,扶到真正需要的对象。为了弄清楚扶贫对象问题,习近平总书记带头深入基层,调查贫困地区和贫困人口的基本情况,多次国内考察都涉及扶贫,连续多年新年国内首次考察都看扶贫,走遍连片特困地区,不仅掌握了大量贫困人口的记录情况,也为全国各地扶贫工作深入实际做出了表率。

二是以"精准扶贫"找准贫困的"贫根"。脱贫攻坚不仅要识别谁是贫困对象,而且要进一步弄清楚贫困的原因是什么,这是解决贫困问题的关键。因此,习近平总书记非常注重查找导致贫困的"贫根",以便对症下药。2015年10月16日,习近平主席在2015减贫与发展高层论坛的主旨演讲中强调,在扶贫攻坚工作中采取的重要举措,就是实施精准扶贫方略,找到"贫根",对症下药,靶向治疗。② 这就清楚地告诉我们,"精准扶贫"一定要找准贫困的根本原因,因势利导,去伪存真,从实际存在的问题入手,对症下药才能收到疗效。因此,找到了"贫根",就要因村、因户、因人施策,对症下药、精准滴灌、靶向治疗。我们要在精准识别、精准扶持和精准考核上下功夫。精准识别要识别到户到人,逐级指标分配结合基层民主评议,确保"最后一公里"的瞄准精准;精准扶持要有高度的针对性,聚焦多样化、差异化的个性因素,不搞"一刀切";精准考核要综合关注区域发展、政策落地、群众获得感等情况,确保脱贫过程扎实、脱贫结果真实,使脱贫攻坚成效经得起实践和历史检验。

三是以"精准扶贫"找准扶贫路子。识别扶贫对象和找准"贫根"

---

① 中共中央党史和文献研究院编:《十八大以来重要文献选编》(下),中央文献出版社2018年版,第38—39页。

② 参见中共中央党史和文献研究院编:《十八大以来重要文献选编》(中),中央文献出版社2016年版,第720页。

的根本目的还是因地制宜地找到扶贫的路子。习近平总书记由此强调："推进扶贫开发、推动经济社会发展，首先要有一个好思路、好路子。要坚持从实际出发，因地制宜，理清思路、完善规划、找准突破口。比如，阜平有三百多万亩山场，森林覆盖率、植被覆盖率比较高，适合发展林果业、种植业、畜牧业；有晋察冀边区革命纪念馆和天生桥瀑布群这样的景区，离北京、天津这样的大城市都不算远，又北靠五台山、南临西柏坡，发展旅游业大有潜力。要做到宜农则农、宜林则林、宜牧则牧、宜开发生态旅游则搞生态旅游，真正把自身比较优势发挥好，使贫困地区发展扎实建立在自身有利条件的基础之上。"① 习近平总书记的这一要求就是告诉我们，"精准扶贫"是要根据不同的情况制定相应的对策，包括思路、规划、路径等都要因地制宜，不同的地区和不同的对象不能搞"一刀切"，因人而异，具体问题具体分析，尽可能找到适合贫困对象的脱贫路子。为此，习近平总书记进一步提出了系统性精准扶贫的"五个一批"工程，即"发展生产脱贫一批，易地搬迁脱贫一批，生态补偿脱贫一批，发展教育脱贫一批，社会保障兜底一批"。② "五个一批"工程充分考虑了不同贫困地区的差异和条件，具有极强的针对性。根据这一精神，各地要因地制宜。能够发展生产的可以通过投资发展经济解决贫困；不具备生产条件的实行易地搬迁，改变原来的生产和生活方式实行脱贫。同样，对待生态保护地区、贫困地区的教育落后以及完全或部分丧失劳动能力的人就要实行不同的扶持政策，依靠政府转移支付解决脱贫问题。"五个一批"工程充分体现了精准扶贫的实事求是精神、因地制宜的科学性和系统性原则。

总之，精准扶贫已成为指导新时代我国扶贫工作的基本方略。针对

---

① 习近平：《做焦裕禄式的县委书记》，中央文献出版社2015年版，第17页。
② 参见中共中央党史和文献研究院编：《十八大以来重要文献选编》（下），中央文献出版社2018年版，第40—43页。

脱贫攻坚，习近平总书记多次阐述要大力调动各方力量，动员全社会共同参与进来，依靠集中力量办大事的制度优势，形成大扶贫格局和社会扶贫体系，确保全面小康道路上没有人掉队。党的十八大以来，全国各地精准识别贫困户、贫困村，建档立卡，300多万名第一书记和扶贫干部驻村扶贫，社会组织、非公企业和个人等各方力量积极参与，通过"五个一批"工程及因户施策量身打造扶贫方案，对帮扶后已脱贫家庭严格按照标准和程序进行推出，有效解决精准扶贫"扶持谁、谁来扶、怎么扶和如何退"四个关键问题。

（五）严格考核评估是打赢脱贫攻坚战的重要保障

习近平总书记指出："在脱贫攻坚过程中，要建立年度脱贫攻坚报告和督查制度，加强督查问责，把导向立起来，让规矩严起来。对落实不力的部门和地区，由国务院扶贫开发领导小组向党中央、国务院报告并提出责任追究建议。对未完成年度减贫任务的省区市，要对党政主要负责同志进行约谈。省对市地、市地对县、县对乡镇、乡镇对村都要实行这样的督查问责办法，形成五级书记抓扶贫、全党动员促攻坚的局面。"① 同时，他还强调："要从严考核监督。中央明确脱贫攻坚目标后，地方出现了两种错误倾向。一是急躁。有些地方急功近利，对脱贫目标层层加码；有的不考虑稳定脱贫，单纯计算当年收入，把贫困人口'算'出去；有的不研究帮助贫困人口增加收入的措施，简单采取'低保兜底、一兜了之'的做法。二是拖延。有些地方思想上不够重视，工作上比较被动，贫困群众满意度低。为解决这些问题，我们研究制定了一整套制度，还要严格考核评估和督查巡查，督促各地各部门真抓实

---

① 中共中央党史和文献研究院编：《十八大以来重要文献选编》（下），中央文献出版社2018年版，第47页。

干、全力攻坚。对完不成任务或弄虚作假的,要严肃追究责任。"①

自脱贫攻坚以来,为确保高质量如期完成既定各项脱贫攻坚目标任务,使脱贫攻坚成果能够经得起实践、历史和人民群众的检验,我国对脱贫攻坚实行了最严格的考核评估制度,全面考核各地脱贫攻坚工作开展情况。为落实对脱贫攻坚工作的考核评估,习近平总书记亲自督战,连续多年主持中央政治局常委会会议和中央政治局会议,认真听取脱贫攻坚成效考核汇报,并作出相应指示。2018年10—11月,中央巡视组对脱贫攻坚进行专项巡视、22个省际间交叉考核等进行第三方考核评估、媒体暗访督查和地方绩效考核等完整的考核评估体系。通过考核评估,褒扬先进、鞭策后进、查处违纪违规,确保脱贫攻坚工作稳步推进。

2020年我国的脱贫攻坚虽受新型冠状病毒肺炎疫情影响和冲击,但各地严格贯彻落实2020年年初《中共中央 国务院关于抓好"三农"领域重点工作确保如期实现全面小康的意见》文件中的部署和习近平总书记在决战决胜脱贫攻坚座谈会上的部署,努力克服新型冠状病毒肺炎疫情影响,全面完成攻坚克难脱贫任务,多措并举通过产业扶贫、消费扶贫和就业扶贫等巩固脱贫成果防止返贫,严格落实相关政策,保持已脱贫地区和人口现有帮扶政策总体稳定,防止返贫再补救,严格考核对各地脱贫攻坚成效开展普查确保脱贫成果经得起历史检验,向世界讲好我国减贫经验和故事,制定出台接续推进全面脱贫与乡村振兴有效衔接的实施意见,解决好"三农"问题,加快推进农业农村现代化,为基本实现现代化和建设社会主义现代化强国的战略目标奠定坚实基础。

---

① 中共中央党史和文献研究院编:《习近平扶贫论述摘编》,中央文献出版社2018年版,第114页。

二、对贵州脱贫攻坚工作的重要指示批示

习近平主席对贵州贫困群众特别牵挂，对贵州脱贫攻坚工作特别关心。2014年3月7日，习近平主席参加十二届全国人大二次会议贵州代表团审议，对贵州的扶贫工作作出重要指示。习近平主席说"多彩贵州"就是要追求丰富多彩。他详细询问了贵州淘汰落后产能、治理石漠化等情况。习近平主席强调："要坚持开发式扶贫方针，确实做到你们提出的结对帮扶、产业扶持、教育培训、危房改造、生态移民、基础设施'六个到村到户'，完善扶贫开发长效机制，不断增强内生动力，确保如期实现中央确定的到2020年扶贫对象不愁吃、不愁穿，保障其义务教育、基本医疗、住房，即'两不愁、三保障'扶贫开发工作目标。"①

2015年6月，习近平总书记深入贵州调研脱贫攻坚工作。他到遵义市遵义县花茂村实地调研时指出，党中央十分关心广大农民特别是农村贫困人口，制定了一系列方针政策促进农村发展。党中央的政策好不好，要看乡亲们是笑还是哭。如果乡亲们笑，这就是好政策，要坚持；如果有人哭，说明政策还要完善和调整。好日子是干出来的，贫困并不可怕，只要有信心、有决心，就没有克服不了的困难。习近平总书记对该村把扶贫开发与富在农家、学在农家、乐在农家、美在农家的美丽乡村建设结合起来的做法表示肯定，希望村党支部、村委会和村干部心往一处想、劲往一处使、汗往一处流，共同把乡亲们的事情办好。考察期间，习近平总书记听取了贵州省委和省政府的工作汇报，对贵州经济社会发展取得的成绩和各项工作给予肯定。他希望贵州协调推进"四个

---

① 《习近平谈"两不愁三保障"》，《人民日报（海外版）》2019年4月18日，第2版。

全面"战略布局,守住发展和生态两条底线,培植后发优势,奋力后发赶超,走出一条有别于东部、不同于西部其他省份的发展新路。①

调研期间,习近平总书记在贵州召开部分省区市党委主要负责同志座谈会,听取对"十三五"时期扶贫开发工作和经济社会发展的意见和建议。习近平总书记就加大力度推进扶贫开发工作提出"四个切实"的具体要求。

第一,切实落实领导责任。坚持党的领导,发挥社会主义可以集中力量办大事的制度优势。要强化扶贫开发工作领导责任制,把中央统筹、省负总责、市(地)县抓落实的管理体制,片为重点、工作到村、扶贫到户的工作机制,党政一把手负总责的扶贫开发工作责任制,真正落到实处。中央要做好政策制定、项目规划、资金筹备、考核评价、总体运筹等工作,省级要做好目标确定、项目下达、资金投放、组织动员、检查指导等工作,市(地)县要做好进度安排、项目落地、资金使用、人力调配、推进实施等工作。党政一把手要当好扶贫开发工作第一责任人,深入贫困乡村调查研究,亲自部署和协调任务落实。

第二,切实做到精准扶贫。扶贫开发贵在精准,重在精准,成败之举在于精准。各地都要在扶持对象精准、项目安排精准、资金使用精准、措施到户精准、因村派人(第一书记)精准、脱贫成效精准上想办法、出实招、见真效。要坚持因人因地施策、因贫困原因施策、因贫困类型施策,区别不同情况,做到对症下药、精准滴灌、靶向治疗,不搞大水漫灌、走马观花、大而化之。要因地制宜研究实施"四个一批"的扶贫攻坚行动计划,即通过扶持生产和就业发展一批,通过移民搬迁安置一批,通过低保政策兜底一批,通过医疗救助扶持一批,实现贫困人口精准脱贫。

---

① 参见《习近平在贵州调研时强调:看清形势适应趋势发挥优势 善于运用辩证思维谋划发展》,《人民日报》2015年6月19日,第1版。

第一章
贵州脱贫攻坚成功实践的理论指引

第三,切实强化社会合力。扶贫开发是全党全社会的共同责任,要动员和凝聚全社会力量广泛参与。要坚持专项扶贫、行业扶贫、社会扶贫等多方力量、多种举措有机结合和互为支撑的"三位一体"大扶贫格局,健全东西部协作、党政机关定点扶贫机制,广泛调动社会各界参与扶贫开发积极性。要加大中央和省级财政扶贫投入,坚持政府投入在扶贫开发中的主体和主导作用,增加金融资金对扶贫开发的投放,吸引社会资金参与扶贫开发。要积极开辟扶贫开发新的资金渠道,多渠道增加扶贫开发资金。

第四,切实加强基层组织。做好扶贫开发工作,基层是基础。要把扶贫开发同基层组织建设有机结合起来,抓好以村党组织为核心的村级组织配套建设,鼓励和选派思想好、作风正、能力强、愿意为群众服务的优秀年轻干部、退伍军人、高校毕业生到贫困村工作,真正把基层党组织建设成带领群众脱贫致富的坚强战斗堡垒。选派扶贫工作队是加强基层扶贫工作的有效组织措施,要做到每个贫困村都有驻村工作队、每个贫困户都有帮扶责任人。工作队和驻村干部要一心扑在扶贫开发工作上,有效发挥作用。①

2015年9月9日,习近平总书记给"国培计划(2014)"北京师范大学贵州研修班参训教师回信,指出:"到2020年全面建成小康社会,最艰巨的任务在贫困地区,我们必须补上这个短板。扶贫必扶智。让贫困地区的孩子们接受良好教育,是扶贫开发的重要任务,也是阻断贫困代际传递的重要途径。党和国家已经采取了一系列措施,推动贫困地区教育事业加快发展、教师队伍素质能力不断提高,让贫困地区每一

---

① 参见《在贵州召开部分省区市党委主要负责同志座谈会上的讲话》,中国网2016年3月1日,http://www.china.com.cn/lianghui/fangtan/2016-03/01/content_37908434.htm,最后访问时间:2022年3月18日。

个孩子都能接受良好教育,实现德智体美全面发展,成为社会有用之才。"①

2017年10月,党的十九大召开期间,习近平总书记参加贵州省代表团讨论时再次指出,要大力培育和弘扬团结奋进、拼搏创新、苦干实干、后发赶超的精神,守好发展和生态两条底线,创新发展思路,发挥后发优势,决战脱贫攻坚,决胜同步小康,续写新时代贵州发展新篇章,开创百姓富、生态美的多彩贵州新未来。②

2018年7月,习近平总书记对毕节试验区工作作出重要指示,要求贵州尽锐出战、务求精准,确保按时打赢脱贫攻坚战。他指出,30年来,在党中央坚强领导下,在社会各方面大力支持下,广大干部群众艰苦奋斗、顽强拼搏,推动毕节试验区发生了巨大变化,成为贫困地区脱贫攻坚的一个生动典型。在这一过程中,统一战线广泛参与、倾力相助,作出了重要贡献。习近平总书记还强调:"现在距2020年全面建成小康社会不到3年时间,要尽锐出战、务求精准,确保毕节试验区按时打赢脱贫攻坚战。同时,要着眼长远、提前谋划,做好同2020年后乡村振兴战略的衔接,着力推动绿色发展、人力资源开发、体制机制创新,努力把毕节试验区建设成为贯彻新发展理念的示范区。统一战线要在党的领导下继续支持毕节试验区改革发展,在坚持和发展中国特色社会主义实践中不断发挥好中国共产党领导的多党合作的制度优势。"③

2021年2月3日至5日,在全国脱贫攻坚即将取得全面胜利的关键

---

① 《习近平总书记给"国培计划(2014)"北京师范大学贵州研修班参训教师的回信》,新华网2015年9月9日,http://www.xinhuanet.com/politics/2015-09/09/c_1116512910.htm,最后访问时间:2022年3月18日。
② 《习近平在参加党的十九大贵州省代表团讨论时强调 万众一心开拓进取把新时代中国特色社会主义推向前进》,人民网2017年10月19日,http://cpc.people.com.cn/19th/n1/2017/1019/c414305-29597386.html,最后访问时间:2022年3月18日。
③ 参见《习近平对毕节试验区工作作出重要指示》,新华网2018年7月19日,http://www.xinhuanet.com/politics/2018-07/19/c_1123150609.htm,最后访问时间:2022年3月18日。

时刻,习近平总书记赴贵州视察指导,先后来到毕节、贵阳等地,深入农村、社区、超市等考察调研,称赞贵州脱贫攻坚任务如期完成对全国打赢脱贫攻坚战具有重要意义,要求贵州做好巩固拓展脱贫攻坚成果同乡村振兴有效衔接,在乡村振兴上开新局,并特别强调"就业是巩固脱贫攻坚成果的基本措施","打赢脱贫攻坚战只是解决了绝对贫困问题,还要做好巩固脱贫这篇文章,防止因病、因灾返贫。巩固拓展脱贫攻坚成果最有效的手段就是衔接推进乡村振兴","脱贫之后,要接续推进乡村振兴,加快推进农业农村现代化"。①

三、理论指引下的贵州脱贫攻坚成功实践

贵州是全国脱贫攻坚主战场之一。习近平总书记非常关心贵州脱贫攻坚工作,多次作出重要指示,要求"尽锐出战、务求精准,确保按时打赢脱贫攻坚战"。贵州省根据习近平总书记的指示精神,坚持以脱贫攻坚统揽经济社会发展全局,持续开展"春风行动""夏秋攻势""秋后算账""冬季充电",开展两轮"五个专项治理",推动脱贫攻坚连战连胜、再战再捷。

(一) 守好发展和生态两条底线,变绿水青山为金山银山

习近平总书记多次强调要守住发展和生态两条底线,这一点对生态环境十分脆弱的贵州而言尤其重要。2017年10月19日,习近平总书记参加了党的十九大贵州省代表团的讨论。会上,习近平总书记再次提出,贵州要守好发展和生态两条底线,开创百姓富、生态美的多彩贵州

---

① 参见《习近平贵州考察,这些细节耐人寻味》,新华网 2021 年 2 月 6 日,http://www.xinhuanet.com/politics/xxjxs/2021-02/06/c_1127073484.htm,最后访问时间:2022 年 3 月 18 日。

新未来。习近平总书记为贵州的脱贫攻坚工作指明了方向，那就是把经济发展和生态环境保护融合起来，实现产业生态化、生态产业化。近年来，在产业扶贫过程中，贵州省各级党委和政府十分注重产业开发与生态环境保护的融合。各地通过大力调整农村产业结构，减少玉米等低效作物种植面积，积极发展蔬菜、水果、食用菌、中药材、茶叶、生态畜禽等符合当地实际的种植养殖产业以及农产品加工产业，同时把农业种植与农业观光、农事体验、民族风情、乡村旅游结合起来，推进农村一、二、三产业深度融合发展、良性互动，实现乡村综合价值最大化。例如，毕节市纳雍县厍关东乡以玛瑙红樱桃产业为支撑，通过产业开发，成功走出一条生态脱贫的道路，具有示范意义。

厍关东乡总面积 65.04 平方千米，耕地总面积 3.7822 万亩，辖 10 个行政村、92 个村民组、6561 户、24,377 人，其中贫困户 1227 户 4686 人。近年来，纳雍县厍关东乡紧紧围绕生态和发展两条底线，结合乡情，科学规划，以点带面，多措并举，大力实施以玛瑙红樱桃种植为主的特色经果林种植，抓好抓实生态文明建设，不断促进产业发展，初步实现既保护了绿水青山，又夯实了群众增收致富的金山银山发展格局。其"三化同步"的主要做法是：第一，规模化实施分带种植，即结合厍关东乡海拔落差较大（1000—1990 米）的特殊地理情况，将全乡分为 3 个经果林种植产业带。1300 米低海拔带以下种植玛瑙红樱桃、1300—1500 米中海拔带种植布朗李、1600—1900 米高海拔带种植核桃和板栗等坚果。第二，多样化助推农旅一体，即在生态建设促进产业发展大见成效的基础上，依托玛瑙红樱桃的生态优势、产业优势、资源优势和区位优势，通过修建樱桃园区生态观光路、产业路、游步道、游客服务中心、广场、特色旅游小镇、观景台、樱桃交易点、停车场、主题文化商业街等基础设施，并通过举办白族三月节、CCTV"美丽乡村快乐行"走进纳雍、毕节市"奢香杯"斗茶大赛暨纳雍首届茶叶博览会、

第一章 贵州脱贫攻坚成功实践的理论指引

"鸽子花·诗乡纳雍"2017年笔会以及赏花品果节等活动,大力实施农旅结合的乡村振兴战略,打造旅游文化品牌,通过旅游产业带动农业、服务业发展,用产业支撑脱贫攻坚,引领群众增收致富。第三,示范化推行"党建+"模式,即充分发挥党组织对生态建设和产业发展的领导核心作用,把党组织建在产业链上,报经县委同意,以贵州总溪河AAA国家级旅游区为中心,将玛瑙红樱桃种植核心区内的陶营、长坡、大坡三个村党总支部联合建立玛瑙红樱桃产业党工委,利用新时代农民讲习所、"一事一议"、贵州总溪河旅游开发有限公司、"樱桃花开"音乐节以及电视、网络媒体、电商等平台,通过"党建+能人""党建+合作社""党建+企业""党建+主题活动""党建+网络"等途径,使基层党建与产业发展相统一。经过多年的发展,厍东关乡共种植布朗李2146亩、核桃2000亩、板栗1958亩、玛瑙红樱桃3万亩,森林覆盖率从原来的35%提高到现在的72%,已成为名副其实的玛瑙红樱桃之乡。布朗李、核桃、板栗1年后可初产,现盛产期的玛瑙红樱桃1.8万亩,亩产400千克,市场价20元/千克,直接经济收入8000元/亩,全乡受益群众1.6万人,其中贫困户3900人。纳雍县厍东关乡陶营村还成功上榜"2019年中国美丽休闲乡村"。

(二) 扶贫力求精准

根据习近平总书记的指示精神,贵州省的扶贫开发贵在精准,重在精准,成败之举在于精准。为推进精准扶贫,解决好"怎么扶"的问题,习近平总书记为7000万名贫困人口绘出了精准脱贫路线图,因地制宜实施"五个一批"工程。发展生产脱贫一批,易地搬迁脱贫一批,生态补偿脱贫一批,发展教育脱贫一批,社会保障兜底一批。"五个一批"工程是人类脱贫攻坚史上的伟大创举,发展生产脱贫更是重中之重,能最大范围地覆盖贫困区域、贫困群体,变"输血"为"造血",

也是贵州实施精准扶贫的重要抓手。

多年来,贵州省在扶持对象精准、项目安排精准、资金使用精准、措施到户精准、因村派人(第一书记)精准、脱贫成效精准上想办法、出实招、见真效。坚持因人因地施策、因贫困原因施策、因贫困类型施策,区分不同情况,做到对症下药、精准滴灌、靶向治疗,不搞大水漫灌、走马观花、大而化之。此外,贵州省因地制宜研究实施"四个一批"的扶贫攻坚行动计划,即通过扶持生产和就业发展一批,通过移民搬迁安置一批,通过低保政策兜底一批,通过医疗救助扶持一批,实现贫困人口精准脱贫。其中,贵州省六盘水市的"三变"改革具有典型意义,成为精准扶贫的"新引擎"。"三变"改革针对农村人力和土地的矛盾、农村经济中的集体和个人的矛盾、传统农业与现代农业经营模式的矛盾,破解了长期以来农村资源配置"瓶颈",使土地、劳动力、资本等生产要素从"分"有效转为"统",真正解决了现代农业产业规模小和农民财产收入窄等问题。贵州"三变"改革体现出的创造力和时代精神,为中国乡村振兴战略提供了优秀的样板,是可资借鉴的贵州经验,是一种珍贵的贵州方案,是脱贫攻坚实践中的贵州模式。它的具体做法我们将在后面详细介绍,这里强调的是,贵州"三变"改革中涌现出不少"以党支部领建,以农民为主体,资源向村集体流转"的新型合作社组织,既有效解决了贫困问题,又与乡村振兴战略相衔接,成为扎实推进农民共同富裕、根本解决"三农"问题的重要探索,值得全国各地学习借鉴。

(三)落实"四个切实",推动易地搬迁扶贫

2015年6月,习近平总书记在贵州视察指导工作时,要求在扶贫开发中落实"四个切实",对居住在"一方水土养不起一方人"地方的贫困人口实施易地搬迁,实现贫困人口精准脱贫。2015年11月,中央扶

第一章 贵州脱贫攻坚成功实践的理论指引

贫开发工作会议在北京召开。习近平总书记强调实施"五个一批"工程,其中"易地搬迁脱贫一批"的重要指示,吹响了新一轮易地扶贫搬迁的冲锋号。彼时的贵州,作为全国脱贫攻坚的主战场,仍有623万人生活在贫困线以下,约占全国贫困人口的1/10,全省88个县(区)中就有66个国家贫困县。2015年冬天,贵州打响易地扶贫搬迁"第一炮",启动历史上规模空前的易地扶贫搬迁,成为全国搬迁人数最多的省份。"十三五"期间,搬迁总规模192万人,其中贫困人口158万人,整体搬迁自然村寨10,090个。

围绕"搬得出"不断探索创新,在一次次实践中找寻破题路径。"六个坚持"让这场大搬迁绝地逢生。因地制宜,实施差别化补助和奖励政策:建档立卡贫困人口人均住房补助2万元,同步搬迁人口人均住房补助1.2万元;签订旧房拆除协议并按期拆除的,人均奖励1.5万元。同时,成立贵州扶贫开发投资有限责任公司,"统贷统还"易地扶贫搬迁资金,省级政府全额提供"子弹"。实践证明,"六个坚持"是解决"搬得出"的可靠实施路径和政策体系。

自从2015年年底启动实施以来,贵州省委、省政府始终把易地扶贫搬迁作为脱贫攻坚的重中之重和"当头炮"统筹推进,在实践中探索总结了"五个三""六个坚持""五个体系"的政策体系和实施路径,实现了安居与乐业并重、搬迁与脱贫同步,走出了一条具有贵州特色的搬迁安置和后续扶持路子。

首先,起步之初就提出"五个三",明确"围绕脱贫抓搬迁"的目标定位。早在2016年,贵州省委、省政府就提出易地扶贫搬迁"五个三"后续发展和生计保障机制,即盘活搬迁群众宅基地、承包地和山林地"三块地";统筹安置地就业、就学、就医"三就";衔接城乡医保、低保、养老保险"三类保障";建设经营性公司、小型农场、公共服务站"三个场所";探索建立集体经营、社区管理服务、群众动员组织"三种机制"。搬迁之初就同步谋划了搬迁后的目标定位,确保起步阶段就找准方向、走对路子。

其次,聚焦"六个坚持",规范推进易地扶贫搬迁,高质量、高标准做好"上半篇文章"。坚持省级统贷统还,省一级把投资压力扛在肩上,让市、县两级集中抓搬迁,充分调动基层政府和搬迁群众"两个积极性";坚持贫困自然村寨整体搬迁为主,精准落实搬迁对象,解决区域性贫困问题;坚持城镇化集中安置,从根本上改善搬迁群众生产生活条件;坚持以县为单位集中建设,统筹资源要素保障,提高项目建设水平和规范化管理水平;坚持不让贫困户因搬迁而负债,严控住房面积、建设成本和工程质量,坚守易地扶贫搬迁"保基本"原则;坚持以岗定搬、以产定搬,根据安置点就业岗位精准核定搬迁规模,确保"每户一人以上"稳定就业。"六个坚持"从系统工程的视角,顺应人口迁移的内在规律,是符合中央政策、符合省情实际的实践创新,切实规范"怎么搬"问题,保证了易地扶贫搬迁各项工作规范化、高标准、高质量推进。

最后,聚焦"五个体系"建设,全面推进易地扶贫搬迁后续扶持,做好"下半篇文章"。2018年下半年随着搬迁建设任务大头落地,贵州省准确把握搬迁移民内在规律和搬迁形势,全面开展易地扶贫搬迁后续扶持政策调研,于2019年2月研究制定了《中共贵州省委贵州省人民政府关于加强和完善易地扶贫搬迁后续工作的意见》及7个配套文件,对全力构建"五个体系"作出制度性安排,在全国率先出台易地扶贫搬迁后续扶持的政策体系。根据人口迁移和社会融合一般规律,搬迁群众要顺利融入城镇,要经历政治、经济、社会和文化心理四个层次的融合,"五个体系"恰恰对应了这几个层次融合的需求。构建基本公共服务体系,完善公共教育、医疗卫生、社会保障、社区服务等要素配套建设,实现基本公共服务均等化和标准化,促进搬迁群众社会融合;构建

第一章 贵州脱贫攻坚成功实践的理论指引

培训和就业服务体系,紧紧围绕搬迁群众生计方式非农化转变,强力推进搬迁劳动力全员培训,多举措促进就业创业,确保有劳动力的家庭一人以上稳定就业,促进搬迁群众经济融合;构建文化服务体系,促进社会交往和社会互动,增强社区归属感和身份认同感,促进搬迁群众的文化心理融合;构建社区治理体系,提高安置点社区法治化、科学化、精细化治理水平,促进搬迁群众政治融合;构建基层党建体系,把基层党组织打造成为坚强的战斗堡垒。

2019年4月,国务院领导同志在全国易地扶贫搬迁后续扶持工作现场会上指出,贵州省在搬迁安置上实行"六个坚持",大大地提高了搬迁的建设效率。在后续扶持上,根据易地扶贫搬迁工作发展变化,及时调整工作重心,着力构建完善"五个体系",全面促进搬迁贫困群众后续发展。特别是在推进落实上,按照"五步工作法",抓实抓细各个环节的工作,走出了一条具有贵州特色的搬迁安置和后续扶持的路子,为搬迁群众实现稳定脱贫打下了坚实的基础。

(四)切实加强基层党组织建设

习近平总书记强调,要把扶贫开发同基层组织建设有机结合起来,抓好以村党组织为核心的村级组织配套建设。因此,做好扶贫开发工作,基层党组织建设是基础。多年来,贵州省把扶贫开发同基层组织建设有机结合起来,抓好以村党组织为核心的村级组织配套建设,鼓励和选派思想好、作风正、能力强、愿意为群众服务的优秀年轻干部、退伍军人、高校毕业生到贫困村工作,真正把基层党组织建设成带领群众脱贫致富的坚强战斗堡垒。选派扶贫工作队是加强基层扶贫工作的有效组织措施,做到每个贫困村都有驻村工作队、每个贫困户都有帮扶责任人,工作队和驻村干部一心扑在扶贫开发工作上,有效发挥作用。

近年来,贵州省各地深入推进抓党建促决胜脱贫攻坚工作,坚持以党建为引领,探索创新"党建+"模式,通过发挥基层党组织的战斗堡垒作用和党员干部的先锋模范作用,激发脱贫动力,让群众搭乘致富专列,绘制幸福底色,凝聚起按时高质量打赢脱贫攻坚战的强大合力。通过加强基层党组织建设,选优配强党员干部队伍,切实提升服务管理水平和基层治理水平,健全基本公共服务、便民利民服务、社区治安服务等体系,让搬迁群众住得安心、过得放心、充满信心,加快实现从农民向"新市民"的转变。

(五)大扶贫格局强化攻坚合力

习近平总书记强调切实强化攻坚合力,推动扶贫开发事业。因此,实现全面脱贫,需要自身的努力,也需要国家和外部力量的支持,众人拾柴火焰高。贵州广泛有效地动员和凝聚起各方面力量,积极推动专项扶贫、行业扶贫、社会扶贫"三位一体"的大扶贫格局,推动所有精兵强将、所有帮扶力量参与脱贫攻坚,充分彰显了社会主义制度集中力量办大事的制度优势。贵州省集中兵力尽锐出战,全省上下抓脱贫抓发展的氛围越来越浓。建立党政同责、书记主抓、分级负责、协同作战、工作到户、责任到人的领导体制和工作机制,形成五级书记抓扶贫的组织指挥体系。

同时,贵州广泛凝聚攻坚强大合力,持续深化东西部扶贫协作,主动对接中央单位定点帮扶,大力推广教育医疗"组团式"帮扶,扎实用好统一战线帮扶等各方力量,形成了各界倾力支援、干群携手攻坚的生动局面。①

---

① 参见《齐心共谱决战决胜曲 | 脱贫攻坚"贵州战法"之十二·广泛凝聚攻坚合力》,当代先锋网 2020 年 9 月 7 日,http://www.ddcpc.cn/detail/d_guizhou/11515115372546.html,最后访问时间:2022 年 3 月 21 日。

第一章 贵州脱贫攻坚成功实践的理论指引

（六）把扶贫和扶智结合起来，加强贫困地区人才培养

习近平总书记强调扶贫必扶智，让贫困地区的孩子们接受良好教育，是扶贫开发的重要任务，也是阻断贫困代际传递的重要途径。近年来，贵州充分发挥人才优势，通过专业技术人员下基层、东西部人才协作等举措，破解生产技术难题，促进群众增收，为脱贫攻坚提供了坚实的人才支撑和智力保障。在基础教育、职业教育、高等教育等方面，通过联合办学、设立分校、扩大招生、培训教师等多种方式加强与东部的交流与合作。同时，社会合力推动人才培养和就业。例如，共青团贵州省委通过技能培训、就业招聘等方式，帮助贫困地区应届毕业生和农村青年就业创业。2018年以来，组织全省1300余名贫困青年参加中式烹调、电工、汽修、家政服务等工种的免费技能培训；举办了"春风行动——千校万岗（贵州）校园双选会"，来自贵州民族大学等高校的2万余名学生参加；成立总资金1亿元的贵州"创在青春"创业投资基金，重点围绕大扶贫战略，进行项目规划和基金投资；完成省农村青年致富带头人协会换届，全省9个市（州）、74个县成立协会，共培育农村青年致富带头人8014名；与原银监局（现银保监局）合作，选派了50名优秀青年金融干部到贫困县团委挂职，组织金融知识培训3000余次，为8000多名致富带头人发放贷款约6.4亿元。①

---

① 参见《青春建功大扶贫——共青团贵州省委2018年脱贫攻坚工作综述》，当代先锋网2019年2月19日，http://www.ddcpc.cn/news/201902/t20190219_388294.shtml，最后访问时间：2022年3月21日。

第二章

党建引领为贵州脱贫攻坚提供坚强政治保障

第二章
党建引领为贵州脱贫攻坚提供坚强政治保障

习近平总书记参加党的十九大贵州省代表团讨论时强调，办好中国的事情，关键在党。全面从严治党不仅是党长期执政的根本要求，也是实现中华民族伟大复兴的根本保证。作为扶贫工作最前沿阵地的"基本作战单元"，贵州省各级党组织把党建和扶贫拧成"一股绳"，充分发挥基层党组织"一线指挥部"作用，真正成为扶贫的攻坚堡垒，切实打好、打赢精准扶贫攻坚战。

一、加强基层党组织建设，为脱贫攻坚提供有力组织保障

习近平总书记特别强调，要把扶贫开发同基层组织建设有机结合起来，真正把基层党组织建设成带领群众脱贫致富的坚强战斗堡垒。扶贫攻坚工作千头万绪，加强基层党建十分关键。只有把基层党组织的堡垒作用、组织作用、引领作用充分发挥出来，才能不断攻坚克难。新形势下，要推动精准扶贫、精准脱贫各项政策措施落地生根，就要坚持基层党建和扶贫共同推进、有机结合。以党建引领扶贫，强化组织保障。党建引领是党建工作的首要职能；以党建为引领，就能为基层脱贫攻坚提供有力的组织保障。一方面，要落实党委主体责任，把精准扶贫、精准脱贫作为党建工作的主要内容和目标任务，坚持以党的建设全面引领为前提，不断强化对脱贫攻坚工作的组织领导；另一方面，基层党组织和党员干部要坚决贯彻落实党的路线方针政策，充分发挥基层党组织政治功能，通过第一书记驻村、党员干部结对帮扶等，赢得贫困户的信任，真正为贫困户办实事。只有这样，才能不断提升贫困村基层党组织的凝聚力、向心力，从而提供有力的组织保障。

在贵州脱贫攻坚实践中，雷山县强化基层党组织建设的做法深入细致，取得了良好效果。雷山县为进一步夯实基层党组织建设，发挥好基层党组织和党员干部的先锋模范作用，强调要全面落实基层党建工作责任制，形成关心支持和服务群众的鲜明导向，以党建工作成效赢得群众的支持拥护，巩固提升脱贫攻坚成效。近年来，雷山县持续抓牢抓实脱贫攻坚网格员的管理。在脱贫攻坚最吃紧的时刻，明确每单位安排1—2名干部值守办公室，其余干部全部投入脱贫攻坚一线工作。同时，充分发挥组织部4个干部作风纪律督查组的作用，每个乡镇每周督查2个村以上，切实压紧压实脱贫攻坚工作责任。雷山县还印发了《雷山县村（社区）干部县级备案管理制度（试行）》，要求各乡镇党委严格实行村干部备案管理机制，对村党组织书记空缺的，必须在5个工作日内向县委组织部报备，并在15天内配齐配强；对村委会主任空缺的，必须在5个工作日内向县民政局报备，在15天内明确代理主任主持工作，并严格按照《中华人民共和国村民委员会组织法》《中华人民共和国村民委员会选举办法》，在3个月内配齐配强村民委员会主任。雷山县从严加强村干部的实绩考核，确保村干部履职尽责、发挥作用。严防黑恶势力向基层组织渗透，杜绝黑恶势力对基层政权的侵蚀，同时注重从农村致富带头人、高校毕业生、大学生"村官"、返乡创业人员、合作社负责人、复退军人中培养干部，为奋力脱贫攻坚、决胜全面同步小康提供强大的人才保障。同时，雷山县还切实加强基层基础保障，进一步夯实基层党组织建设，发挥好基层党组织和党员干部的先锋模范作用，建立以党支部书记为龙头、党员为骨干、入党积极分子为基础的队伍，全面落实基层党建工作责任制，巩固提升脱贫攻坚成效。

对于发挥基层党组织在扶贫工作中的作用，贵州省委书记谌贻琴在2021年4月23日召开的贵州省脱贫攻坚总结表彰大会上特别强调："各级党组织和广大共产党员坚决响应党中央号召，在脱贫攻坚这个没有硝烟的战场上尽锐出战、善作善成、呕心沥血、建功立业。从'挪穷窝'到'换穷貌',从'改穷业'到'拔穷根',哪里有贫困堡垒,哪里就有党组织坚强有力的工作;哪里有贫困群众,哪里就有共产党员冲锋陷阵的身影,鲜红的党旗始终在脱贫攻坚主战场上高高飘扬。有的村支书说:'当干部就要把贫困户当家人,把扶贫事当家事,用自己脱皮换来群众脱贫。'广大扶贫干部用心用情为老百姓干实事、解难题,同贫困群众结对子、认亲戚。广大群众听党话、感党恩、跟党走,搬迁群众将新旧住房对比照片挂在家中,由衷表达'吃水不忘挖井人,脱贫不忘共产党'的感恩之情,党群关系、干群关系得到极大巩固,基层党组织组织力、凝聚力、战斗力得到极大提升,党的执政基础得到极大夯实!"①

二、以党建引领产业发展,夯实脱贫攻坚根基

一直以来,产业扶贫作为"造血式"扶贫,是一个极其重要的途径。习近平总书记在多次考察中强调产业扶贫的重要性,他于2018年10月23日在广东考察时指出:"产业扶贫是最直接、最有效的办法,也是增强贫困地区造血功能、帮助群众就地就业功能的长远之计。"②多年来,贵州省通过党建引领产业发展,为群众致富提供了门路,也营造了"党员就在身边"的浓厚氛围,以"润物细无声"的方式,提升了党组织的向心力、影响力和号召力,并通过合作社、产业协会、技术带动等方式,引领着更多的群众脱贫致富,在此过程中,不断增加党组

---

① 《贵州省委书记谌贻琴在全省脱贫攻坚总结表彰大会上的讲话》,贵阳网2021年4月24日,http://www.gywb.cn/system/2021/04/24/031185177.shtml,最后访问时间:2022年3月21日。

② 《"产业扶贫是最直接、最有效的方法"——习近平论产业扶贫》,求是网2020年6月24日,http://www.qstheory.cn/zhuanqu/2020-06/24/c_1126155769.htm,最后访问时间:2022年3月21日。

织的号召力，拉近党群、干群之间的关系，进而提升基层党组织的组织力。

实现脱贫，必须依靠正确的解决手段和方式。在这方面，贵州省镇宁布依族苗族自治县的做法尤为典型。镇宁布依族苗族自治县以"建一个组织、兴一方产业、树一面旗帜"为目标，把党委建在产业链上，将党的政治优势、组织优势、群众优势转化为产业发展优势，健全产业党委。统筹整合党员资源、干部资源、人才资源，建立健全产业党委，明确由一名镇班子成员担任产业党委书记，专职抓产业发展，引导产业相近、地域相邻、优势互补的村成立跨村产业党组织，将善管理、懂技术、会经营的农村能人吸纳进入产业党委，明确集中领导、明晰任务清单、细化产业规划、精细收益分配，引领发展壮大产业。完善培养机制，把党的最新理论成果运用到产业发展工作中，以把农村能人培养成党员，把党员培养成致富能人，把党员致富能人培养成村干部，把村干部培养成产业示范户的"四培养"工程为抓手，抓实基层党组织带头人、致富能人党员的示范引领带头作用，让党员先锋模范作用在田间地头闪光。创立积分管理模式，对党员主动帮带贫困户脱贫致富、为镇村发展提建议出主意、协助处理村级事务及调解纠纷、见义勇为等情况进行量化积分，通过积分记录党员变化、衡量党员作用、评定党员优劣，促使党员肩上有责、争先有标、行为有尺、考核有据，用"小积分"管好"大队伍"，增强广大党员发挥先锋模范作用的意识。

三、在共产党领导下的多党合作助推脱贫攻坚

多年来，贵州省紧紧抓住发展这个第一要务开展多党合作和政治协商，在脱贫攻坚过程中不断探索多党合作共同促进发展的体制和机制，为提高多党合作和政治协商的制度化水平，推出了"毕节实践"。这对

充分发挥多党合作和政治协商政治制度的优势,在贵州乃至全国推进全面脱贫和乡村振兴具有重要借鉴意义。

毕节市充分利用各民主党派和工商联人才、技术、资源等方面的优势,为毕节脱贫攻坚提供多方面的帮助和指导。

(一) 教育扶贫方面

各民主党派中央在贵州省支持农村学前教育、教师周转房建设,争取保留中央对地方高校补助转款,倾斜支持技术教育改革发展,做好西部受援高校教师和管理干部进修锻炼项目,实施"国培计划"和"特岗计划",进一步改善办学条件,加强对村小学和教学点教师的补充和资助,进一步提高高校教师队伍整体素质和教学水平。例如,致公党中央实施"致公学生培养计划",实施"一对一"资助帮扶贫困学生;九三学社中央的"同心智力行"活动等。

(二) 生态扶贫方面

民革中央启动纳雍县"民革中央科技生态示范基地"项目;民建中央在黔西市素朴镇结合退耕还林、荒山荒坡治理工程引进优良果树品种;民进中央在金沙县开展不同海拔高度、不同生产环境下建立有机农业技术生产体系项目;农工党中央牵头的科技部、中华环境基金会生态立体农业科技示范项目课题立项和实施;致公党中央在毕节海子街镇建立技术中心,开展天然草坪保护与人工种草技术;九三学社中央继续做好威宁彝族回族苗族自治县(以下简称威宁县)种草养畜示范项目等。这些项目涉及荒山绿化、河流治理、森林抚育、石漠化治理等,对毕节试验区环境改善作出重要贡献。

(三）产业扶贫方面

民革中央协调推进无机粉体环保纸推动纳雍县同心文化产业园建设，支持茶产业市场对接；民建中央在黔西市发起设立村镇银行，扶持金融业的发展，推进黔西市承接转移基地建设，抓好"同心思源"生态农业示范园建设；民进中央协调推动朗月煤机电相关配套项目；民盟中央协调引进农业龙头企业和优良品种，帮助发展草地畜牧业，编制对口帮扶村寨中长期农业产业规划；农工党中央搭建产业引进平台，促进大方县毕节试验区食品药品工业园建设，协调爱得基金会继续支持大方县"农村综合发展"项目，引进资金支持大方县辣椒深加工生产线；致公党中央推进织金县恐龙谷景区和南山公园项目；九三学社中央在嘎利村的民族特色旅游等。

(四）医疗扶贫方面

民革中央推进的"博爱工程·阳长中心卫生院"建设，协调中国医学基金会为纳雍县基层卫生院捐献医疗设备；农工党中央开展"贵州毕节贫困地区同心医助工程"；民建中央实施思源救护计划，捐赠救护车；民进中央协调山西医科大二院对口帮扶金沙人民医院；民盟中央深入开展"明眸工程"为白内障患者免费手术；九三学社中央援建威宁县眼科中心等。

(五）培训扶贫方面

各民主党派坚持把人才培训作为亮点工程，提出"同心"品牌人才战略，成立各民主党派中央、全国工商联领导同志担任的5个项目组。精心组织实施职业教育和劳动力转移、教育师资、医疗、农村实用技术、基层干部等人员的培训。在人才培训方面，给予政策、资金、项目倾斜，进一步完善支持试验区教育发展的政策机制，在学前教育、中小学教师队伍建设、资助贫困学生、对口支援等方面给予有力支持，投入资金大幅度增加，培训领域进一步拓展，质量明显提高。例如，民革中央实施纳雍县中小学教师培训项目；民盟中央推进"烛光行动"培训中小学教师活动；民进中央推进"彩虹行动"；民建中央对黔西市乡镇村干部和乡村致富带头人培训；农工党中央支持大方县开展农民中草药种植技术培训；九三学社中央对威宁县医卫技术人员培训等。

（六）基础设施扶贫方面

各民主党派中央协调国家有关部委对交通、水利等重大基础设施项目建设，推进高速公路、国省干线、农村公路及水运设施建设，按照新的车购税投资补助标准支持交通运输扶贫项目建设。加强灌溉区配套改造，水利工程和小型农田水利枢纽等重点工程。加快实施规划内重点中小河流治理力度，完善山洪灾害防治县级非工程措施建设，推进水电新农村电气化和小水电代燃料项目建设等。

四、改进脱贫工作方法，加强党员干部脱贫绩效考核检查

习近平总书记强调："抓工作，要有雄心壮志，更要有科学态度。打赢脱贫攻坚战不是搞运动、一阵风，要真扶贫、扶真贫、真脱贫。要经得起历史检验。攻坚战就要用攻坚战的办法打，关键在准、实两个字。只有打得准，发出的力才能到位；只有干得实，打得准才能有力有效。一是领导工作要实，做到谋划实、推进实、作风实，求真务实，真抓实干。二是任务责任要实，做到分工实、责任实、追责实，分工明确，责任明确，履责激励，失责追究。三是资金保障要实，做到投入

实、资金实、到位实，精打细算，用活用好，用在关键，用出效益。四是督查验收要实，做到制度实、规则实、监督实，加强检查，严格验收，既不拖延，也不虚报。中央已制定《脱贫攻坚督查巡查工作办法》，督查以落实为导向，巡查以问题为导向，要抓好正反两方面的典型，推动工作深入。"① 同时，他还指出："'出水才见两腿泥。'扶贫工作必须务实，脱贫过程必须扎实，扶真贫、真扶贫，脱贫结果必须真实，让脱贫成效真正获得群众认可、经得起实践和历史检验，决不搞花拳绣腿，决不摆花架子。要实施最严格的考核评估，开展督查巡查，对不严不实、弄虚作假的，要严肃问责。"②

在对强化扶贫干部绩效考核方面，贵州省织金县的做法比较有代表性。织金县在切实关爱扶贫干部的同时，对扶贫干部提出严格要求，强化对他们的考核，总结出一套行之有效的措施。织金县为确保扶贫党员干部驻得下、干得好，把严管和厚爱结合起来，始终确保扶贫党员干部良好的作战状态。一是明确职责，吃住在村。帮村书记主要任务是在村开展脱贫攻坚，由分管业务的副职主持本部门日常工作，每月驻村不少于 20 天，其余时间用于统筹部门工作，并建起了小食堂、小菜园、小澡堂，还把局长办公会和工作例会开到一线，坚持做到两头兼顾，推动上级精神切实转化为基层行动。二是强化督查，听群众评价。组建 4 个督查组，改变以前看资料听汇报的督查方式，采取直接到项目点上查进度、到田间地头看产业、到贫困户家中看走访、到群众家中听口碑等方式进行全天候、无死角暗访督查，对发现的没有到岗到位、工作推进不力、工作成效不明显、群众满意度不高等问题，及时下发整改通知，限时整改，并采取通报、约谈等方式进行严肃处理。三是捆绑考核，村为

---

① 中共中央党史和文献研究院编：《习近平扶贫论述摘编》，中央文献出版社 2018 年版，第 113—114 页。
② 中共中央党史和文献研究院编：《习近平扶贫论述摘编》，中央文献出版社 2018 年版，第 117 页。

主体。以村级脱贫攻坚考核为主，将帮村书记所在部门年终考核和帮扶村的脱贫攻坚成效考核实行捆绑，帮村成效不好的，部门不能评为一等奖，班子成员不能考评为优秀。

五、在发挥党员模范作用上精准发力

发挥党员的先锋模范作用和主体作用，让群众干有目标、学有榜样，是实现精准扶贫、精准脱贫的重要途径。贵州省充分利用"两学一做"学习教育成果，推动党员树立创先意识，让党员把身份亮出来、把作用发挥出来，做扶贫脱贫的"领头雁"。贵州省实施党员先锋工程，增强基层党员干事创业的动力，着力培养小康领路人、产业带头人、科技明白人、市场经纪人、群众贴心人，不断提升党员队伍活力，引领群众脱贫致富。贫困党员有争先意识，更有脱贫愿望。各级党组织要在确保公平的前提下，让贫困党员率先甩掉贫困帽子，带领群众共同脱贫。

在脱贫攻坚工作中，贵州省各级党组织树立了一批又一批有担当敢作为的党员模范标杆，为决战决胜脱贫攻坚筑牢了"硬核堡垒"。这里举几个贵州省织金县的例子。

织金县熊家场镇白马村第一书记杨仁勇在驻村帮扶工作中严格按照省委组织部"一宣六帮"驻村工作要求，对全村党员、村支"两委"干部进行走访交谈，了解所驻村基本情况，同时走村串户，在村民中展开广泛深入的访谈，对全村农户逐一进行走访座谈，交心谈心，详细了解民情民意。他通过入户遍访、聊天座谈等形式，有效化解了各类矛盾纠纷60余起。他先后筹措资金40余万元为帮扶村建成党建活动室、会议室、图书室，为党的基层组织建设打好了基础，彻底改变了村里无党员活动场所的局面。近年来，他共协调省总工会安排的514万元预算扶贫资金，实施扶贫项目25个，依托"村社一体"合作社全面推进扶贫产业发展，建立扎实有效的利益联结机制，实现所有建档立卡贫困户都得到产业项目扶持。2020年7月，他被评为贵州省脱贫攻坚优秀村第一书记。

织金县自强乡大冲村党支部书记杨益一心扑在脱贫攻坚事业，把推进村产业结构调整、完善基础设施建设、增加群众收入、提升群众的幸福感和满意度、达到预期脱贫目标、巩固党在农村的执政基础作为主要任务，通过一桩桩一件件事情的圆满解决，使党组织在农村发挥核心作用、领导作用，让党员发挥先锋模范作用、带头示范作用。他对全村党员实行积分制考核，"亮出"党员工作成绩，展现党员风采，永葆党员先进性。同时，他为村争取了"一事一议项目""民族发展资金""岭南集团帮扶资金""危房改造及旧房整治"等建设项目，完成全村8个村民组的通组路12.3千米、入户路20千米、排污沟2240米等建设项目，新修建了垃圾池5个，配备了垃圾箱8个、垃圾桶45个，不仅解决了村民出行难的问题，还降低了农产品运输的成本，同时改善了农户居住环境，并采用"党支部+公司+农户"的发展模式，带动全村种植皂角树2616亩，覆盖贫困户291户1946人；种植南瓜1200亩，覆盖贫困户64户289人；种植冰脆李1523.2亩，覆盖贫困户188户789人；同时利用"小额扶贫信贷"和扶贫养殖项目，对有养殖能力的贫困户，按照户均至少2头牛的标准发展肉牛养殖，增加贫困群众经济收入。2018年以来共实施肉牛养殖489头，覆盖贫困户198户1009人，农户直接增收3500元。2020年7月，他被评为贵州省脱贫攻坚优秀基层党组织书记。

织金县自强乡党委书记张世达在迎接全市脱贫攻坚评估和全省脱贫攻坚评估中以"零问题"交出一份满意的答卷。他坚持以脱贫攻坚统揽经济社会发展全局，短短一年多的时间，全乡贫困人口从2014年的

3592户17,238人减少到3420户16,704人,贫困发生率从48.63%下降至1.51%,彰显了一名共产党员的担当和使命。他认真落实产业发展"八要素",按照"三个万亩"和"三个千亩"的产业规划布局,规划种植皂角、蔬菜中药材等57,775亩(包含套种和复种),其中县主导产业皂角9200亩、蔬菜14,475亩(其中辣椒4825亩)、中药材5000亩、青贮玉米2500亩、食用菌600亩。他积极推进党支部领办村集体经济合作社,成立村集体经济合作社19个,全乡19个村(社区)村集体经济积累达100余万元;完成农村劳动力引导和自发输出9305人,贫困劳动力转移就业7800人。实施饮水安全项目18个,覆盖4963户22,737人;完成村级卫生室维修建设18个,配备村级卫生员27人,落实家庭医生签约建档立卡贫困户3592人;实施危房改造(含"三改")415户、老旧房整治852户,易地扶贫搬迁66户333人。他筹措资金200万元用于实施老街改造项目,解决了老街出行难问题。他带领4万名干部群众一步步走出贫困、撕掉标签,赢得全乡干部群众的一致好评。

第三章

实施大扶贫战略,以脱贫攻坚统揽经济社会发展全局

第三章
实施大扶贫战略，以脱贫攻坚统揽经济社会发展全局

制定和实施大扶贫战略，是贵州脱贫攻坚工作取得全面胜利的关键举措，也是贵州把脱贫攻坚与乡村振兴顺利衔接的政策保障，其中的许多制度建设和实践经验值得总结推广。

一、立足省情，顶层设计

（一）创造性地提出大扶贫战略

贵州地处云贵高原东部，平均海拔1100余米，92.5%的面积为山地和丘陵，是全国唯一没有平原的省份。相对较差的自然条件使贵州省经济社会发展水平长期落后于全国大部分地区。长久以来，贵州是中国贫困人口最多、贫困面最大、贫困程度最深的省份。国务院扶贫开发领导小组办公室2012年3月公布的《国家扶贫开发工作重点县名单》中，贵州50个县（特区）位列其中，占全国总数的8.45%，占贵州省县级行政区划单位的56.82%。贵州是中国脱贫任务比较艰巨的省份之一，脱贫攻坚是事关贵州省经济社会发展全局的重大战略行动。

基于这一现实，党的十八大以来，贵州省委、省政府转换脱贫思路，创新扶贫理念，推动脱贫攻坚行动与贵州经济社会发展战略深度融合，创造性地提出大扶贫战略。2015年12月，贵州省委十一届六次全会提出全力实施大扶贫战略行动，坚决打赢脱贫攻坚战。2016年9月，贵州省出台了《贵州省大扶贫条例》（以下简称《条例》），使大扶贫战略以文件的形式完整地呈现出来。《条例》第3条指出："大扶贫是指把脱贫攻坚作为头等大事和第一民生工程，统揽经济社会发展全局，

构建政府、社会、市场协同推进和专项扶贫、行业扶贫、社会扶贫等多方力量、多种举措有机结合的大扶贫格局,争取国家和其他省(区、市)支持,动员和凝聚全社会力量广泛参与,通过政策、资金、人才、技术等资源,全力、全面帮助本省贫困地区和贫困人口增强发展能力,实现脱贫致富的活动。"贵州是全国唯一在省级层面制定和实施大扶贫战略行动的省份。大扶贫战略使脱贫攻坚成为贯穿贵州经济社会发展全局的主线,赋予扶贫行动更丰富的内涵,极大地提升了脱贫攻坚行动对贵州经济社会全面发展、长远发展的战略意义,是贵州30多年扶贫开发史上具有里程碑意义的行动,是扶贫理念的重大创新。

(二)用脱贫攻坚统揽经济社会发展全局

大扶贫战略的创新,突出地表现在三个方面。

第一,立意高。贵州省不是把脱贫攻坚看作众多工作中的一项,与其他工作并列起来,割裂开来,而是把它作为统领经济社会发展各项工作的中心线索,贯穿于所有工作当中;不是把它当作近期需要完成的任务,而是把它作为推动贵州经济社会全面发展的总体方略。这样就极大地提升了脱贫攻坚的战略地位和引领作用,从而有利于脱贫攻坚各项工作的深入、扎实开展。《条例》强调脱贫攻坚是"头等大事和第一民生工程",要以脱贫攻坚统揽贵州经济社会发展全局,突出了脱贫攻坚行动对贵州未来发展的重要意义。《条例》要求"脱贫攻坚应当与区域发展相结合,通过脱贫攻坚促进区域发展,区域发展带动脱贫攻坚",从而把脱贫攻坚提升到统领区域经济社会全方位发展的战略高度。《条例》把这一要求进一步具体化,"县级以上人民政府应当制定本行政区域脱贫攻坚规划,作为国民经济和社会发展规划的重要组成部分,与本级城乡规划、土地利用规划、产业发展规划、环境保护规划等相互衔接,并组织实施"。这样使脱贫攻坚战略与各地经济社会全面发展、长

第三章 实施大扶贫战略，以脱贫攻坚统揽经济社会发展全局

远发展战略有机衔接，相互融合，把脱贫攻坚行动贯彻落实到各项工作中。《条例》还对县域经济发展、基础设施建设、乡村旅游、生态建设和环境保护、文化教育、医疗卫生、社会保障等方面提出了脱贫攻坚的具体要求，凸显了大扶贫战略的全局性和统领性。以脱贫攻坚为主线带动经济社会全面发展，既符合贵州省的省情，又与中央脱贫攻坚战略的主旨相契合，可以说是找准了贵州发展的关节点，为贵州的发展指明了方向和路径，这对于贵州实现后发赶超的战略目标具有重要意义。

第二，眼界宽。大扶贫战略打破了传统以政府为主体的扶贫模式，鼓励各方面的力量以多种形式参与贵州省扶贫开发工作，大大拓宽了脱贫攻坚的思路和眼界，增强了贵州扶贫开发的资源支持，从而有力地保障了脱贫攻坚任务的顺利完成。《条例》提出"构建政府、社会、市场协同推进和专项扶贫、行业扶贫、社会扶贫等多方力量、多种举措有机结合的大扶贫格局"，并制定了具体的实施方案，包括组织领导、责任分工、任务目标、实施路径、资金政策支持、考核奖惩机制、保障和监督措施等。为了吸纳各方面的力量参与贵州扶贫开发，提升大扶贫战略的实施力度，《条例》要求大扶贫遵循政府主导、社会参与、多元投入、群众主体的原则，主动对接全国各个方面的力量和资源参与贵州脱贫攻坚行动。《条例》不仅要求各地区、各行业、各单位积极争取中央国家机关、各民主党派中央、全国工商联、中央大型国有企业等定点扶贫部门和单位对贵州的精准帮扶，要求县级以上人民政府及有关部门积极争取对口帮扶城市的精准帮扶，而且鼓励民主党派、工商联、工青妇等人民团体、群众团体和其他社会组织积极引进项目、资金、人才和技术等参与扶贫开发活动，鼓励个人和企业以投资兴业等多种形式参与扶贫开发，鼓励企业依法设立扶贫公益基金和开展扶贫公益信托，鼓励和引导各类社会组织、社会力量捐款捐物，开展助教、助医、助学、助残等扶贫公益活动。大扶贫战略在各个层面的实施力度之大、吸纳资源渠

道之多和参与力量之广都前所未有,它充分显示了贵州人民在省委、省政府的有力领导下,以脱贫攻坚为抓手,推动贵州尽快走出一条有贵州特色的现代化发展道路的坚强决心和信心。2017年8月,时任贵州省委书记孙志刚在贵州省深度贫困地区脱贫攻坚工作推进大会上发出了"贫困不除、愧对历史,群众不富、寝食难安,小康不达、誓不罢休"的誓言。力度空前的大扶贫战略确保了贵州脱贫攻坚行动的快速推进,2016—2019年,贵州省贫困发生率从10.6%迅速下降到0.85%。截至2020年年底,贵州顺利实现了全面脱贫。

第三,制度完善。党的十八大以来,贵州省委、省政府高度重视脱贫攻坚的制度体系建设,努力为脱贫攻坚战略搭建起制度框架的"四梁八柱"。2015年10月,贵州省委、省政府出台了《关于坚决打赢扶贫攻坚战确保同步全面建成小康社会的决定》及10个配套文件,提出了全省精准扶贫的奋斗目标、基本原则、着力重点和具体措施,推出实施精准扶贫"十项行动",包括基础设施建设扶贫行动、产业和就业扶贫行动、扶贫生态移民行动、教育扶贫行动、医疗健康扶贫行动、财政金融扶贫行动、社会保障兜底扶贫行动、社会力量包干扶贫行动、特困地区特困群体扶贫行动、党建扶贫行动十个方面,明确了"党委主责、政府主抓、干部主帮、基层主推、社会主扶"五个关键。《条例》在之前政策措施的基础上,进一步完善了扶贫开发的制度体系。《条例》明确要求"各级人民政府负责本行政区域的大扶贫工作,实行省负总责、市(州)县落实、乡(镇)村实施的管理体制,建立和完善大扶贫目标责任和考核评价制度"。贵州省委、省政府还制定了相应的配套制度和标准体系,确保大扶贫战略的实施有规可循、有据可依,使脱贫攻坚行动不缩水、不走样。2018年8月,贵州省率先制定《贵州省精准扶贫标准体系》(以下简称《体系》),为精准扶贫的"精准"落实提供了依据。《体系》规定了基础通用、项目管理等4个部分的26个标准,其中基础通用部分包括农业产业发展八要素工作、干部驻村帮扶、贫困户识别、贫困户退出、县级脱贫攻坚项目库建设管理、财政专项扶贫资金使用、大数据村级管理工作等7项标准；项目管理部分包括农业产业扶贫工作、贫困地区森林生态效益补偿资金管理、贫困地区新一轮退耕还林还草工程补助资金管理、贫困地区公益林采伐管理、建档立卡贫困人口生态护林员管理、农村饮水安全项目管理等6项标准；基础设施部分包括农村"组组通"硬化路建设与管理养护、易地扶贫搬迁工作管理、农村饮水安全评价、农村危房改造基本安全等4项标准；社会保障部分包括教育扶贫学生资助、医疗保障救助、大病专项救治管理、慢性病医疗保障、农村居民最低生活保障工作、特困人员救助供养工作、临时救助工作、农村贫困劳动力就业工作、贫困劳动力全员培训工作等9项标准。

大扶贫战略是一项高屋建瓴的顶层设计，它不仅以脱贫攻坚为主线从总体上规划了贵州未来的发展方向、发展思路和发展重点，而且通过制定具体的标准和实施路径以及项目式、清单式精细化管理，使大扶贫战略得以精准落实；通过严格的考核制度和奖惩制度，调动了广大干部群众的积极性和主动性，使他们以高度的责任感努力推进脱贫攻坚各项工作，从而确保了大扶贫战略的顺利实施。总之，大扶贫理念的提出以及大扶贫战略的制定和落实，是贵州人民创造性地开展脱贫攻坚行动的一个辉煌篇章。

2021年4月23日，贵州省委书记谌贻琴在全省脱贫攻坚总结表彰大会上的讲话中指出："贵州能够按时高质量打赢脱贫攻坚战，最关键的是坚持以脱贫攻坚统揽经济社会发展全局。我们紧紧抓住贫困落后的主要矛盾，把脱贫攻坚作为最大的政治、最重的任务、最严的责任，连续三年以脱贫攻坚为主题召开省委全会，一切工作都向脱贫攻坚发力，一切工作都与脱贫攻坚融合，一切工作都为脱贫攻坚服务，做到目标不变、靶心不散、频道不换。"① 谌贻琴书记的这一总结深刻揭示了大扶贫战略在贵州全面推进脱贫攻坚中的重大战略意义。

二、强化领导，狠抓落实

大扶贫战略的制定，为贵州扶贫开发奠定了良好的基础，但是要把大扶贫战略描绘的美好愿景变成贵州的现实，有许多艰巨复杂的具体任务要完成，需要脚踏实地推进各项工作。这就需要以强有力的手段狠抓落实，确保各项任务保质保量地完成。在抓任务落实方面，贵州形成一套系统、高效的做法，在实践中取得了良好的效果。

（一）领导主抓，尽锐出战

党的十八大以来，贵州省委、省政府按照习近平总书记"五级书记抓脱贫攻坚""尽锐出战"的要求，充分发挥党委总揽全局、协调各方的作用，加强对脱贫攻坚各项工作的领导，建立了一套省负总责、市县抓落实的领导体制和工作到村、扶贫到户的工作机制。2015年年底召开的贵州省委十一届六次全会提出要在全省强化党委主责、政府主抓、干部主帮、基层主推、社会主扶的大扶贫格局，要强化领导责任，实行各级党政一把手负总责，从省到县成立由党政主要领导为双组长的扶贫开发工作领导小组，层层签订军令状、落实责任制。坚持党委、政府主要负责同志"双组长制"和"双指挥长制"，省、市、县、乡、村五级书记共同抓脱贫攻坚。贵州省级领导带头，联系帮扶16个深度贫困县，定点包干20个极贫乡镇。国家级贫困县威宁县是时任省委书记孙志刚

---

① 《贵州省委书记谌贻琴在全省脱贫攻坚总结表彰大会上的讲话》，贵阳网2021年4月24日，http://www.gywb.cn/system/2021/04/24/031185177.shtml，最后访问时间：2022年3月21日。

的扶贫联系点，2020年4月和8月，孙志刚两次深入威宁县就脱贫攻坚工作进行调研，开展脱贫攻坚挂牌督战工作，2020年6月还通过视频连线威宁县，督战脱贫攻坚工作。时任贵州省长谌贻琴联系国家级贫困县纳雍县。2019年6月到2020年6月，她3次赴纳雍进行蹲点调研，督战脱贫攻坚。贵州省12位省级领导对2020年未摘帽的9个深度贫困县进行挂牌督战，对3个剩余贫困人口超过1万人的已摘帽县进行重点督导，并延伸督战督导到村。在省委、省政府领导的带头示范下，贵州市县各级领导定点包干了2760个深度贫困村。在各级领导带头帮扶和指导下，贵州脱贫攻坚克服一个又一个困难，取得了辉煌的成就。威宁县近年来大力发展养牛产业和蔬菜产业，通过振兴农业产业帮助农民脱贫，提升农户自我发展能力。近3年来，威宁县新组建养牛专业合作社603个，投入扶贫资金3.53亿元，支持贫困户购买母牛5.29万头，增值8.17亿元，户均增收2.47万元；引进6家蔬菜龙头企业，引领蔬菜扶贫基地向规模化、标准化、商品化方向发展，并在省外开设专售档口，拓宽销售渠道，累计销售"三白"蔬菜54.45万吨，销售额达8.78亿元。

贵州省各级领导以实际行动强化脱贫攻坚的主战场意识。有关脱贫攻坚的各项工作，各级党政一把手都高度重视，以脱贫攻坚为工作主线，厘清轻重缓急，集中人力、物力、财力攻坚。省委要求各级党委常委一班人，无论分管什么工作，都要在脱贫攻坚战中找准位置、作出贡献，人大、政府、政协班子成员都要聚焦脱贫攻坚。省委、省政府主要领导率先垂范，逢会必讲脱贫攻坚、逢会必议脱贫攻坚，省委常委会议高频次研究脱贫攻坚，省政府每次召开常务会议至少有一个脱贫攻坚的议题。省委书记谋划部署脱贫攻坚工作，连续发出"春风行动""夏秋攻势""春季攻势""夏秋决战""秋后喜算丰收账""冬季充电""奋力冲刺九十天、坚决打赢歼灭战"等一系列行动令。中共贵州省委十二届委员会成立以来,多次召开专题会议,研究部署脱贫攻坚工作。

贵州省委、省政府严格落实习近平总书记"尽锐出战"的要求,把最会打硬仗、最能打胜仗的精锐部队派上战场,对于不能胜任的坚决调换。每年选派5万余名驻村干部和村第一书记驻村帮扶,实现对贫困村全覆盖,真正把基层党组织建设成为带动群众脱贫致富的坚强战斗堡垒。贵州各地市因地制宜,选拔精兵强将充实脱贫攻坚最前线。毕节市是贵州省深度贫困县较多的地级市,为加强脱贫攻坚队伍的实力,2020年3月,毕节市打破常规,选拔14名工作能力强、工作业绩良好的县处级领导干部下沉一线,分别到纳雍县、威宁县和赫章县3个深度贫困县的14个乡镇担任党委书记,重点抓脱贫攻坚工作。他们的行政关系、工资关系和组织关系全部转到所在乡镇,脱贫攻坚任务没有圆满完成,他们决不收兵。2020年,贵州省共有4.5万名驻村干部或第一书记、11.2万名帮扶干部奋战在脱贫攻坚第一线。2020年年初,从江县是黔东南苗族侗族自治州为数不多的未完成整体脱贫的深度贫困县,为帮助从江县顺利完成脱贫攻坚任务,黔东南苗族侗族自治州党委从已经整体脱贫的县选拔19位工作能力强、脱贫攻坚工作表现优秀的乡镇党委书记,提拔为副处级干部,分派到从江县的19个乡镇、街道担任第一书记,主抓脱贫攻坚。运用他们丰富的扶贫工作经验,发挥他们较强的工作能力,助力从江决胜脱贫攻坚。截至2020年年初,沿河土家族自治县是铜仁市唯一未完成整体脱贫任务的深度贫困县,为帮助沿河顺利脱贫摘帽,铜仁市以产业扶贫为重点,选派精兵强将,聚集全市9个区县和高新区、大龙开发区的资源,选择效益好、带动力强的优质项目落地沿河。六盘水市将已完成整体脱贫任务的六枝特区等地的督战队集中派往水城区,强化水城区脱贫攻坚一线力量。

黔东南苗族侗族自治州雷山县在职干部全员出动,参与脱贫攻坚相关工作,建立了系统的脱贫攻坚工作机制,并把脱贫攻坚与乡村振兴有

第三章 实施大扶贫战略，以脱贫攻坚统揽经济社会发展全局

机衔接起来，具有典型意义。近年来，雷山县4000多名在职干部（包含行政、事业、工勤人员）全部参与脱贫攻坚行动。县委、县政府认真履行"县抓落实"的责任，始终坚持党对脱贫攻坚工作的全面领导，建立健全县、乡、村"一把手"双组长领导机制，紧紧扭住"党委主责、政府主抓、干部主帮、基层主推、社会主扶、群众主体"六个关键环节，重点抓好责任落实、政策落实、工作落实，做到所有工作向脱贫攻坚聚焦，各种资源向脱贫攻坚聚集，各方力量向脱贫攻坚聚合，为打赢打好脱贫攻坚战提供坚强的政治保证。第一，提高政治站位，强化组织保障。雷山县认真落实党委脱贫攻坚主体责任，充分发挥县委总揽全局、协调各方作用，班子成员按照分工，切实担起脱贫攻坚工作责任，加强对所分管扶贫相关工作的组织领导。雷山县成立了县委书记、县长任双组长的县扶贫开发工作领导小组，牢牢把脱贫攻坚政治责任扛在肩上、抓在手上，每月召开2次以上县委常委会会议或县扶贫开发领导小组会议对全县脱贫攻坚工作进行微观调度，确保各项任务按清单推进、按既定时间节点落实。雷山县委、县政府严格落实党政"一把手负总责"的责任制，坚持县、乡、村三级"一把手"抓脱贫攻坚，成立了县委书记、县长任双指挥长的"减贫摘帽"总指挥部，下设指挥中心在县扶贫办，由县委专职副书记、县政府分管副县长坐镇办公。以乡镇为单位组建由县委常委任战区指挥长的脱贫攻坚八大战区，分别成立由县委、县政府分管领导任指挥长的产业扶贫、易地扶贫搬迁、"组组通"公路建设等18个专项行业作战部和专项工作组，各乡镇、各村同步建立乡镇前线指挥部、村级指挥所，进一步完善脱贫攻坚组织体系和指挥体系，构建了上下联动、横向联合、齐抓共管的工作格局。第二，层层压紧压实，明晰责任清单。雷山县通过建立责任清单、任务清单，明确县级领导、乡镇党委政府、县直部门、村"两委一队"干部、结对帮扶干部的责任，要求各部门、各乡镇、各村、全体党员和干部都

要主动担当责任,确保压力层层传导、"军令"字字生威。县级领导干部坚持"下抓两级",既当指挥员又当战斗员,既组织协调又冲锋在前,抓好所联系的乡镇,各自帮扶村、帮扶户,当好脱贫攻坚的示范。担任战区指挥长的县委常委、担任行业专项指挥部指挥长的县领导发挥好督导作用,督促乡镇和村落实责任、落实政策、落实工作,安排好、调度好、落实好各个战区、指挥部的工作。县委书记、县长认真履行好主体责任,坚持率先垂范,以上率下,每月通过下村走访、扶贫项目调研、会议调度和研究部署、组织动员和督促检查等方式,每个月有5天以上时间用于脱贫攻坚。同时,严格落实好《中共中央 国务院关于打赢脱贫攻坚战三年行动的指导意见》和《中共贵州省委 贵州省人民政府关于深入实施打赢脱贫攻坚战三年行动发起总攻夺取全胜的决定》精神,认真开展三级书记遍访贫困村等行动。坚持各乡镇党政"一把手"安排部署工作、研究解决问题、督促检查落实,统筹抓好本乡镇脱贫攻坚各项工作,加强对村"两委一队"的管理,切实做到责任落实、政策落实、工作落实,确保本乡镇"一达标两不愁三保障"和"三率一度"全面达标。各县直部门"一把手",各司其职,履行行业部门职责,发挥职能和行业优势,加强工作联动,积极争取项目资金和政策扶持,指导乡镇实施好扶贫项目、落实好扶贫政策,集中力量破解脱贫攻坚中的重点、难点、痛点问题,打破条块分割,做到信息共享、工作共推、责任共担,实现扶贫工作效益最大化和资源利用最优化。履行好帮扶村指挥所第一指挥长职责,真正把村一级的干部力量统筹起来,做好村、组、户脱贫攻坚各项工作。加强对本部门帮扶干部的管理,督导履行好帮扶职责,确保发挥作用。村"两委一队"干部认真抓好"三落实"(责任落实、政策落实、工作落实),重点抓好统一建档立卡、人居环境整治和提升群众认可度工作,发动带领广大群众苦干实干,努力帮助贫困群众脱贫脱困,确保真脱贫、不掉队,村里

"一达标两不愁三保障"和"三率一度"全面达标。结对帮扶干部认真研究扶贫政策,大力宣传扶贫政策,提高群众的政策知晓率,确保自己的帮扶户应享尽享扶贫政策。利用每周"扶贫日"入户帮扶,积极采取有针对性的措施,帮助结对帮扶贫困户解决生产生活中的困难,督导和帮助贫困户搞好家庭环境卫生,努力做到屋里摆得有序、身上穿得干净、床上铺得整洁、柜里放得整齐,提高贫困户的获得感和认可度。第三,夯实基层力量,落实帮扶责任。雷山县委、县政府及时调整优化驻村结对帮扶工作方案。以贫困村为重点,组建90个同步小康驻村工作组,从各单位精选90名能做事、会干事、责任心强的干部任贫困村第一书记,组建154个脱贫攻坚村级指挥所,选派968名干部到村"网格化"开展驻村帮扶工作;继续加强结对帮扶工作,将每月第二周和第四周的星期四、星期五作为全县"扶贫工作日",组织全县结对帮扶干部下村到户开展帮扶工作;聚焦各乡镇、各村脱贫致富中的难点、痛点,改变以往由县直各部门、各单位推选干部到村任第一书记、驻村干部,采取"自下而上"申请专业人才的方式,按需给各个村选派精兵强将,并以签订目标责任书的方式发展壮大村集体经济,振兴乡村。

(二)精心部署,扎实推进

再好的规划或方案,如果不转化为科学、扎实的行动,都将是一纸空文。大扶贫战略的各项目标,需要分解成一个个具体的工作任务,通过狠抓落实,才能最终实现。贵州省委、省政府围绕大扶贫战略的各项任务和目标,统筹谋划,精心设计,推出了一系列脱贫攻坚领导方案,先后实施"33668"扶贫攻坚行动计划、精准扶贫精准脱贫"十项行动",通过实际行动落实各项任务。2017年以来,贵州省委、省政府以打好"四场硬仗"、"五个专项治理"、"四个聚焦"和"来一场振兴农村经济的深刻的产业革命"(脱贫攻坚"4541"决策部署)为主抓手,按季度发起脱贫攻坚"春风行动"、"夏秋攻势"、"冬季充电"以及"奋力冲刺九十天、坚决打赢歼灭战"等一系列行动令,在全省掀起脱贫攻坚的高潮,取得了巨大的成效。

2015年4月,贵州省委办公厅、省政府办公厅印发《贵州省"33668"扶贫攻坚行动计划》,提出2015—2017年减少贫困人口300万人以上,实施结对帮扶、产业发展、教育培训、危房改造、生态移民、社会保障精准扶贫"六个到村到户"和完成小康路、小康水、小康房、小康电、小康讯、小康寨基础设施"六个小康建设"任务,贫困县农村居民人均可支配收入达到8000元以上。该行动计划还提出贫困地区基本公共服务主要领域平均指标达到西部地区平均水平以上,24个贫困县、375个贫困乡镇"减贫摘帽",5800个贫困村出列等一系列奋斗目标。

2015年10月,贵州省委、省政府印发《关于坚决打赢扶贫攻坚战确保同步全面建成小康社会的决定》,要求大力实施精准扶贫、精准脱贫"十项行动":实施基础设施建设扶贫行动,破除贫困地区发展"瓶颈"制约;实施产业和就业扶贫行动,着力促进贫困人口创业就业;实施扶贫生态移民行动,把"一方水土养不起一方人"的深山区、石山区和生态脆弱地区142万人全部迁出;实施教育扶贫行动,阻断贫困代际传递;实施医疗健康扶贫行动,有效遏制和阻止因病致贫、因病返贫;实施财政金融扶贫行动,确保投入力度与扶贫攻坚任务相适应;实施社会保障兜底扶贫行动,稳步提升托底保障水平;实施社会力量包干扶贫行动,加快形成专项扶贫、行业扶贫、社会扶贫有机结合、互为支撑的"三位一体"大扶贫格局;实施特困地区特困群体扶贫行动,深入推进大规模、区域性、产业化连片开发;实施党建扶贫行动,实现党的组织和党的工作对贫困村的有效覆盖。

2017年8月,时任贵州省委书记孙志刚在全省深度贫困地区脱贫

第三章 实施大扶贫战略，以脱贫攻坚统揽经济社会发展全局

攻坚工作推进大会上强调要重点打好"四场硬仗"。一要打好基础设施建设硬仗，尽快实施农村"组组通"公路三年大决战；二要打好易地搬迁扶贫硬仗，确保贫困群众搬得出、稳得住、能致富；三要打好产业扶贫硬仗，强龙头、创品牌、带农户，集中力量推进特色优势扶贫产业大发展；四要打好教育医疗住房"三保障"硬仗，确保稳定实现农村贫困人口不愁吃、不愁穿，义务教育、基本医疗和住房安全有保障。"四场硬仗"找准了长期以来制约贵州经济社会发展的"瓶颈"问题，集中发力，攻坚克难，扫除贵州整体脱贫的主要障碍。

2018年5月，贵州省委、省政府针对前一阶段脱贫攻坚工作中存在的一些突出问题，在全省集中开展以贫困人口漏评错评、贫困人口错退、农村危房改造不到位、扶贫资金使用不规范、扶贫领域腐败和不正之风为主要内容的"五个专项治理"。通过集中整治，扶贫工作做得更加扎实和细致，精准度进一步提高。全省漏评率、错评率和错退率分别下降到0.8%、0.35%和0.74%，大幅低于全国平均水平。针对山区木结构房较多等具体情况，贵州制定了符合实际的危房评定标准，确保农民住房安全舒适。贵州省扶贫开发领导小组系统梳理了52项扶贫资金使用正负面清单，制定了《贵州省扶贫资金管理使用问责办法》，严格规范扶贫资金的使用，坚决查处和纠正扶贫资金使用不规范行为。为确保扶贫工作的扎实推进，贵州大力整治帮扶工作中的形式主义、官僚主义等不良作风，强化和优化一线扶贫力量。省、市、县三级共增派驻村干部954人，并及时召回帮扶不到位的工作人员。在第一轮专项治理的基础上，贵州省委、省政府于2019年5月又在全省开展了以扶贫资金管理使用不规范、驻村帮扶不扎实、政策落实不到位、扶贫协作有差距、攻坚打法不精准为主要内容的新一轮"五个专项治理"。两轮"五个专项治理"取得了明显成效，脱贫攻坚中存在的较为突出的问题基本得到了遏制。

针对深度贫困区较多、发展条件差、脱贫难度大这一脱贫攻坚难点，2018年6月召开的贵州省委十二届三次全会提出要集中力量主攻深度贫困区脱贫。扶贫资金向深度贫困地区聚焦、东西部扶贫协作向深度贫困地区聚焦、基础设施建设向深度贫困地区聚焦、帮扶力量向深度贫困地区聚焦。2019年，贵州下达深度贫困县专项扶贫资金比上一年增长48.9%。高强度的资金、人力和政策支持使得深度贫困地区的发展环境和条件得到显著改善，从而激发了这些地区的内生发展动力和活力。

2018年年初，时任省委书记孙志刚在贵州省委农村工作会议上提出"来一场振兴农村经济的深刻的产业革命"，强调在转变思想观念、产业发展方式、作风方面来一场革命。通过这一场产业革命，发展壮大一批竞争力强的农业企业，培育造就一支庞大的创新力强的职业农民队伍，让一批绿色优质农产品走出大山、风行天下，让贵州农民尽快富起来。

2020年3月，时任省委书记孙志刚在各市（州）党委书记抓脱贫攻坚座谈会上强调："脱贫攻坚进入最后总攻阶段，4月、5月、6月三个月至关重要，必须奋力冲刺九十天，同时间赛跑、与贫困较量，进一步抓紧抓实抓细各项工作，坚决夺取最后总攻的全面胜利，历史性地解决贵州千百年来的绝对贫困问题，以实际行动扛起重大政治责任、肩负光荣历史使命、抓住宝贵机遇、经受严峻考验，不辜负党中央和全省人民的殷切希望。"①

上述一系列脱贫攻坚行动抓住了制约贵州发展的短板，集中多方面力量和资源全力攻关，思路清楚，目标明确，执行有力，使贵州脱贫攻坚工作取得更新的突破，大扶贫战略的各项任务和目标顺利推进，为贵

---

① 《奋力冲刺九十天　坚决打赢歼灭战》，《贵州日报》2020年3月26日，第1版。

州未来发展铺平了道路。

山地多、交通不便是制约贵州发展的一个显著短板。贵州气候温和湿润，生物资源、旅游资源得天独厚。然而由于交通条件差，限制了省外游客的数量，丰富的旅游资源无法有效开发利用。贵州经济总体落后，交通是第一大制约因素。不解决交通问题，贵州就无法融入国内和国际经济大循环中，贵州经济就"活"不起来，贵州未来发展的道路会越来越艰难。针对贵州交通不便这一先天不足，贵州省委、省政府把改善交通基础设施作为脱贫攻坚的重中之重，2017年8月启动了农村"组组通"公路3年大决战，计划投资388亿元，到2019年为全省3.91万个有30户以上的村民组建成通组硬化公路9.7万千米。相关部门制定了具体翔实的实施方案，对道路建设标准、项目实施模式、质量安全监督、长效管养责任以及分阶段目标都做了详细规划，并提出有力的保障措施，强力推进项目的实施。经过各方面艰苦卓绝的工作，完成了预定目标。3年累计投入459.8亿元，建设通组硬化路7.87万千米，彻底解决沿线1200万农民群众出行不便问题，"黔货出山"彻底变为现实。贵州旅游总人数由2016年的5.31亿人次增加到2019年的11.35亿人次，旅游总收入由2016年的5027亿元增加到2019年的12,322亿元，旅游总人数和总收入4年时间都翻了一番还多，游客人数增速位居全国第一。

贵州农村贫困户多数生活在偏远的山村，发展条件极差，就地扶贫开发的生态环境成本和经济成本都极高，因此易地扶贫搬迁是科学合理的选择。这样做既满足了贫困农民的脱贫要求，又为他们的进一步发展创造了机会，是真正意义上的大扶贫。贵州省委、省政府始终把易地扶贫搬迁作为脱贫攻坚的重中之重和"当头炮"统筹推进。"十三五"时期，贵州计划实施易地扶贫搬迁188万人，其中国家下达的建档立卡贫困人口是151.1662万人，占全国易地扶贫搬迁总任务的1/6，占全省脱贫人口的1/3，是全国搬迁规模最大、任务最重的省。几年来，贵州各级政府围绕易地扶贫搬迁开动脑筋，大胆创新，灵活施策，走出了一条具有贵州特色的搬迁安置和后续扶持路子。截至2019年11月，贵州易地搬迁入住188万人，其中建档立卡贫困人口154万人，整体搬迁贫困自然村寨10,090个，同步搬迁非贫困人口34万人。

产业发展是实现脱贫致富、推动乡村振兴的治本和长久之策。产业扶贫通过引进适应市场经济需要的现代农业生产方式，以取代传统的小农经济，培育农民的自我发展能力，是乡村彻底摆脱贫困落后面貌的根本途径，也是从农村脱贫顺利过渡到乡村振兴的关键，是把扶贫与开发有机统一的大扶贫。所谓产业扶贫，就是在农村培育和发展现代农业，用现代农业改造传统农业，培育现代农业的前提是改变传统的小农意识，按照市场经济的要求发展农业生产。传统农业是根据现有的条件安排农业生产，"靠山吃山、靠水吃水"；现代农业则要求面向市场安排生产，市场需要什么就生产什么，这种观念和意识的根本转变，对于几千年来封闭保守、缺乏市场意识的农民而言，确实是一场深刻的革命。转变农民观念，不能靠农民自发完成，要把现代生产要素引入农业和农村。通过发展现代农业，让农民亲眼看到现代农业焕发出的巨大生产力，亲身感受到现代农业带来的好处，农民自然会心悦诚服地接受和模仿，现代农业才能真正在农村生根发芽并茁壮成长，这是产业扶贫的真正意义和价值。产业扶贫首先要扶"智"，它既包括准确把握市场供求、精准选择具体发展方向的智慧和能力，又包括现代农业生产所需要的知识和技术。这实际上是农村最匮乏的现代生产要素，也不大可能自发地在农村产生，需要从外部引入。其次是人才。智慧的载体是人，把具备现代市场知识和掌握现代农业生产技术的人才派到农村，帮助农民发展现代农业，同时向农民传授相关知识，是改造传统农业和农民的捷径，也是产业扶贫成败的关键。再次是资金支持。农民由于贫穷，资金积累少；由于资金不足，农民无法扩大生产规模，无法发展现代农业生产，于是愈加贫穷。这种贫困的恶性循环只有通过外部因素介入，才能尽快打破。最后，通过引入发展资金和现代农业设备和技术，打造现代农业生产模式，才能把农民吸纳到现代农业生产中，从而根本改变农业和农村面貌。近年来，贵州省通过"三变"改革、农业园区示范带动、培育农村新型经营主体、引进金融资本和完善农业保险等措施，从多个方面鼓励和扶持农业产业化、市场化发展，示范和引导农民向现代市场主体转型。2018年以来，贵州省进一步把产业扶贫上升到"来一场振兴农村经济的深刻的产业革命"的高度，努力推动贵州农业实现"六个转变"，即从自给自足向参与现代市场经济转变，从主要种植低效玉米向种植高效经济作物转变，从粗放量小向集约规模转变，从"提篮小卖"向现代商贸物流转变，从村民"户自为战"向形成紧密相连的产业发展共同体转变，从单一种植养殖向一、二、三产业融合发展转变。这充分显示了贵州各级政府为农村脱贫致富打下扎实的产业根基，并最终推动农业和农村由传统向现代转型的坚强决心和信心。

习近平总书记强调，到2020年稳定实现农村贫困人口不愁吃、不愁穿，义务教育、基本医疗、住房安全有保障是贫困人口脱贫的基本要求和核心指标。"两不愁、三保障"把脱贫任务进一步具体化，充实和丰富了脱贫的内涵，为脱贫攻坚确立了底线，对指导基层扶贫工作具有重要意义。贫困虽然集中表现为收入水平低，但其蕴含的经济意义是基本生活必需品供给不足、生活保障水平低，这主要体现在吃穿、住房、医疗、教育等生存和发展的基本需要方面。所以着力解决"两不愁、三保障"问题，是保障人民基本生活的需要，是以人民为中心思想的真正体现，是政府责无旁贷的责任。贵州省委、省政府把"两不愁、三保障"确定为脱贫攻坚"四场硬仗"之一，既是坚决贯彻落实习近平总书记重要论述的战略行动，又是切合贵州实际，着力解决贫困人口生活困难的关键之举,是实施大扶贫战略的基本要求。近年来,贵州省委、省政府十分注重解决贫困人口的基本生活问题,出台了一系列针对性强、力度大的举措。经过多年扶贫开发的扎实工作,贫困人口的吃穿问题很快得到基本解决,但义务教育、基本医疗和安全住房仍是难啃的硬骨头。此外,贵州还面临一个有本地特色的难题,即饮水安全问题。针对贵州这一现实情况,省委、省政府下大力气把解决"两不愁、三保障"的重点放在义务教育、基本医疗、安全住房和安全饮水这"3+1"问题上。贵州多年坚持压缩6%的行政经费用于农村教育事业,扎实推进教育精准脱贫。在全国率先启动农村义务教育、学前教育营养改善计划;率先实施三年免费中等职业教育;率先对贫困家庭学生上高中、上大学免除学杂费;组织农村青壮年劳动力全员培训;率先在西部地区实现县域内义务教育基本均衡发展。贵州率先在全国建成覆盖省、市、县、乡四级公立医疗卫生机构的远程医疗服务体系。贵州率先制定农村危房改造对象认定标准,率先出台农村危房改造工程党政领导干部问责办法。贵州启动实施了全面解决农村饮水安全问题攻坚决战行动,加大农村饮水安全工程建设,升级改造小水窖。在扎实有效工作的基础上,2019年4月,贵州全省深度贫困地区脱贫攻坚现场推进会进一步出台了解决"两不愁、三保障"的新举措。在解决贫困学生义务教育保障问题上,贵州省出台了一系列强有力措施,加快偏远地区寄宿制学校建设,加大中小学紧缺教师补充力度,全面落实建档立卡贫困家庭学生资助政策,确保贫困家庭的孩子能够接受九年制义务教育。在基本医疗保障方面,贵州省提出全力保证已核准有效身份信息的人员全部参保,建好用好"内连省、市、县、乡四级公立医疗机构,外接省内及发达地区优质医疗资源"的远程医疗服务网络等一系列切实措施。在住房安全保障方面,贵州省提出对2018年开工建设的易地扶贫搬迁项目,倒排工期、加大力度,确保2019年上半年全部搬迁入住;进一步规范危房设立标准和改造程序,并持续开展农村透风漏雨老旧房整治。在饮水安全上,贵州提出加强储水、供水设施建设,规范完善工程管护、运营管理、水价形成等机制,让老百姓都喝上安全水、放心水。

通过这一系列攻坚行动,贵州脱贫攻坚工作中的主要难点得到了根本解决,这不仅保证了脱贫攻坚任务的按时完成,而且畅通了贵州经济社会快速发展之路。

三、多方使力,多措并举

2015年6月,习近平总书记在贵州召开的部分省区市扶贫攻坚与"十三五"时期经济社会发展座谈会上强调,要坚持专项扶贫、行业扶贫、社会扶贫等多方力量、多种举措有机结合和互为支撑的"三位一体"大扶贫格局。① 习近平总书记的这一重要指示开阔了扶贫的视野,壮大了扶贫的力量。对贵州这样自身人力、物力和财力都十分有限的地区而言,这一指示有着特别重要的意义。《贵州省大扶贫条例》强调要"构建政府、社会、市场协同推进和专项扶贫、行业扶贫、社会扶贫等多方力量、多种举措有机结合的大扶贫格局,争取国家和其他省(区、市)支持,动员和凝聚全社会力量广泛参与,通过政策、资金、人才、技术等资源,全力、全面帮助本省贫困地区和贫困人口增强发展能力"。这一要求就是对习近平总书记这一重要指示的具体贯彻落实。近年来,贵州省在推进"三位一体"大扶贫格局方面多策并举、多头并进、全面开花,取得了很多成功的经验。

---

① 中共中央党史和文献研究院编:《习近平扶贫论述摘编》,中央文献出版社2018年版,第99页。

(一) 社会扶贫的贵州实践

党的十八大以来,贵州进一步拓宽扶贫渠道,充分利用国内外各方面的资源和政策,强化社会扶贫大格局。东西部扶贫协作和对口帮扶、定点扶贫、企业帮扶、金融扶贫以及国际组织扶贫全方位推进。其中,东西部扶贫协作和对口帮扶成效较为显著。

东西部扶贫协作和对口帮扶是我国脱贫攻坚行动的一项重大战略,是推动区域协调平衡发展、实现全面脱贫的总体目标的有力举措,是我国社会主义制度新型举国优势的生动体现。中国东中西部在经济社会发展水平上表现出明显的区域差距,这不仅仅是区位条件造成的,更主要的是东部地区凭借改革开放政策优势,率先对接国际市场,引进当时国外先进的经营理念、经营模式以及资金和技术等中国稀缺的生产要素,使得经济迅速发展。不仅如此,东部经济的率先起飞导致中西部地区的生产要素向东部流动,从而使东西部差距进一步拉大。区域发展不平衡不仅不利于我国经济社会全面协调可持续发展,而且给我国经济社会安全带来很大隐患。解决这一问题,必须统筹东中西部地区整体发展、协调发展,推动东部发达地区主动帮扶中西部落后地区,把东部地区先进的理念和模式带到中西部地区,为中西部地区提供相对稀缺的资金、技术、人才等生产要素,助力快速脱贫并实现经济起飞。区域协调发展也有利于发挥中西部地区廉价劳动力优势,推动劳动密集型等中西部地区具有比较优势的产业向这些地区转移,形成东中西部地区产业分工清楚、产业相互衔接、经济联系紧密的整体,构建国内经济大循环格局。东西部扶贫协作就是这样一项具有战略意义的重大举措。对贵州而言,东西部扶贫协作不仅对按时打赢脱贫攻坚战意义重大,而且对推动贵州经济社会全面起飞具有广泛而深远的影响,是必须抓住和用好的重大历史机遇。

第三章 实施大扶贫战略，以脱贫攻坚统揽经济社会发展全局

20世纪80年代末，党中央、国务院就尝试通过外部帮扶助力贵州减贫脱贫。针对贵州毕节地区极度贫困的严峻现实，1988年，国务院批准建立"毕节开发扶贫、生态建设试验区"，各民主党派中央和全国工商联将毕节地区作为帮扶的重点地区，为毕节试验区专门成立了北京专家顾问组，派专家长期研究、指导毕节的经济社会发展。各民主党派和国家有关部委为毕节地区提供了大量的资金、技术和智力支持，先后促成重大项目1100个，引进各类资金1900多亿元，组织培训各类人才32.9万人次，新建或改扩建各类学校近200所。在各民主党派和全国工商联、中央各部委及兄弟省区市的大力帮助下，毕节成功探索出一套以开发式扶贫、参与式扶贫和造血式扶贫为主的扶贫模式，在助力毕节脱贫方面取得了巨大成就。毕节市的贫困落后面貌得到彻底改变，贫困发生率由1988年的57.3%降至2018年的5.45%。2018年在毕节试验区成立30周年之际，习近平总书记对毕节试验区的成就给予高度评价。他指出："30年来，在党中央坚强领导下，在社会各方面大力支持下，广大干部群众艰苦奋斗、顽强拼搏，推动毕节试验区发生了巨大变化，成为贫困地区脱贫攻坚的一个生动典型。"①

党的十八大以来，贵州省高度重视引进外部资源和力量助力贵州脱贫攻坚事业，积极创造条件，主动对接外部单位和企业，鼓励它们参与贵州经济社会建设。中组部、国务院扶贫办等39个中央单位，上海、广州、杭州、大连、青岛、宁波、苏州7个东部城市对贵州进行对口帮扶，澳门特别行政区也与从江县进行扶贫合作，开展多种形式的帮扶，这是中央和全国人民对贵州的特殊关怀。为了充分发挥东西部扶贫协作的作用，贵州专门成立了贵州省推进东西部扶贫协作工作领导小组，省委、省政府主要领导任组长。相应地，所有受帮扶县都成立扶贫协作工

---

① 《习近平对毕节试验区工作作出重要指示》，新华网2018年7月19日，http://www.xinhuanet.com/politics/2018-07/19/c_1123150609.htm，最后访问时间：2022年3月22日。

作专班,专门对接和配合帮扶省区市的工作,确保两地沟通协作快捷顺畅。定期安排两地党委、政府主要负责同志互访、召开党政联席会议,为各地东西部扶贫协作工作提供了组织保障。两地互派干部到对方地区挂职锻炼,积极发挥外地来贵州挂职干部的示范带头作用,市县形成"本地干部+挂职干部"协作同管模式。贵州严格管理和监督东西部扶贫协作资金的使用,专门出台了《贵州省东西部扶贫协作资金管理办法》,确保扶贫资金的高效使用。贵州各地也积极采取措施,用好东西部扶贫协作这一宝贵机会。8个受帮扶市(州)和每个受帮扶县(市、区)都制定具体的扶贫协作工作方案,积极争取东部对口帮扶城市支持。贵州还把东西部扶贫协作作为市、县两级脱贫攻坚成效考核的一项重要内容,并采取市县交叉或第三方评估的方式进行考核。

经过不懈努力,贵州东西部扶贫协作形成高规格、专班化、项目化、清单化的推进工作机制,构建起多形式、多层次、全方位的扶贫协作新格局。扶贫协作从过去被动式接受帮扶向主动对接产业、主动开拓市场、主动建立一对一行业指导转变,使产业融合向深度推进,市场开拓向规模化推进,人才和智力支援向组团式推进,劳动力输出向市场化推进,逐步构建起持续不脱钩帮扶关系。帮扶单位和地区不仅给予贵州有力的资金支持,而且在技术、人才和管理等方面都对帮扶地区倾情相助。仅2019年,7个帮扶城市就投入贵州财政帮扶资金34.8亿元,实施帮扶项目1691个,受益建档立卡贫困人口87.49万人。

贵州全省各地在扎实推进东西部扶贫协作过程中,创造出许多成效显著、特色鲜明的协作模式。其中,"榕昕模式"是东西部产业协作、互补发展的优秀代表。青岛榕昕牧业集团有限公司(以下简称榕昕集团)是青岛莱西市的一家集奶牛养殖、黑牛肉加工销售、生态观光旅游、有机蔬菜种植、有机肥供应于一体的现代化畜牧龙头企业。近年来,榕昕集团响应国家和青岛市委、市政府的号召,积极参与东西部扶贫协作工作。为了把集团的技术和产业优势与贵州省资源禀赋特点和产业需求有机结合起来，使产业扶贫取得实实在在的成效，实现帮扶企业和被帮扶地区共同发展，莱西市党政主要负责人多次带队到贵州安顺市西秀区进行考察。他们了解到西秀区气候宜人、环境优良，具备发展奶牛和肉牛养殖的良好条件，而莱西市是山东省畜牧业大市，养殖规模和技术全国领先。榕昕集团具有多年的奶牛养殖经验，在实践中摸索出集奶牛生态养殖、鲜牛奶生产供应、有机果蔬种植、特种种植、生态休闲观光旅游、餐饮住宿等为一体的一体化绿色发展模式，这一模式完全可以复制到贵州，这样既可以帮助贵州实现高起点、高质量发展，又有利于壮大榕昕集团的规模和实力，扩大企业品牌影响力，是一个"双赢"的合作。基于这一考虑，榕昕集团于2016年5月成立贵州榕昕康乐生态有限公司（以下简称贵州榕昕公司）。2016年8月，贵州榕昕公司投资1.5亿元，在安顺市西秀区双堡镇建设高起点、高标准、现代化、国家级的生态农牧产业园，园区规划用地2000亩，主要从事牛奶生态养殖、鲜牛奶生产供应、科技培训、生态休闲观光旅游、休闲康养等产业经营。项目全部建成后，将养殖优质奶牛1000头。项目采取"公司+基地+合作社+贫困户"的运营模式，带动当地调整农业产业结构。奶牛养殖对食草饲料产生巨大需求，为当地发展饲草种植业提供了良好的机遇。据粗略估算，每头奶牛每年可消耗5—7亩地的食草饲料，肉牛可消耗3—5亩地的食草饲料。牧场与当地种植专业合作社签订种植牧草合同，实行统一供种、统一播种、统一收割、统一送货、统一结算"五统一"，鼓励农民种植甜高粱、黑麦草、燕麦草等牧草。过去老百姓种植传统的玉米作物，一亩地的收入只有500—600元。现在种植甜高粱等牧草，收益大幅度提高。以甜高粱为例，甜高粱平均亩产25,000—30,000斤，收购价格按0.4元/千克计算，一亩地的收入可达到5000—6000元。仅牧草种植一项，就可以带动周边1000余贫困户脱贫致富。牧场用工可以带动当地农民就业，增加农民收入。牧场为工人提供的薪资标准是2600—3500元，高于当地其他行业用工工资。截至2020年8月，牧场已使用当地农民工200余人；项目全部建成后，将设立鲜奶吧连锁店100家以上，可安置就业岗位300人以上。为带动优质肉牛产业发展，贵州榕昕公司于2017年9月在西秀区蔡官镇规划建设了3000头规模的肉牛养殖示范场，2018年3月建成投入生产。2020年上半年，养殖场已养殖优质肉牛1000头，带动建档立卡贫困户374人。到2020年年底，公司已带动近1400户农民实现增收致富，其中建档立卡贫困人口390人。榕昕集团在助力贵州脱贫攻坚方面取得的成就得到了党和政府以及社会各方面的高度肯定。2017年8月29日，国务院召开东西部扶贫协作经验交流会，榕昕集团和贵州榕昕公司分别是山东省和贵州省唯一参加会议的企业，会议推广了"榕昕模式"引领贵州安顺生态农牧产业发展的工作经验。2018年，贵州榕昕公司被认定为贵州省农业产业化经营省级重点龙头企业。2019年12月，贵州榕昕公司获得贵州省"千企帮千村"精准扶贫行动先进民营企业称号。

除了东西部扶贫协作，贵州省还积极发挥企业的力量，通过实施国有企业"百企帮百村"、民营企业"千企帮千村"行动，鼓励有实力的国有企业和民营企业助力贵州脱贫攻坚。中国贵州茅台酒厂（集团）有限责任公司（以下简称茅台集团）等20家国有企业结对帮扶20个贫困县，恒大集团有限公司（以下简称恒大集团）等5849家民营企业帮扶贵州6914个贫困村。

茅台集团作为贵州国有企业的优秀代表，在助力家乡脱贫攻坚方面始终走在前列。从2012年开始，茅台集团以贵州省和"三区三州"（"三区"指西藏自治区，青海、四川、甘肃、云南四省藏区，南疆的和田地区、阿克苏地区、喀什地区、克孜勒苏柯尔克孜自治州四地区；"三州"是指四川凉山彝族自治州、云南怒江傈僳族自治州、甘肃临夏回族自治州。"三区三州"是国家级深度贫困区）为重点，在全国范围内持续开展"中国茅台·国之栋梁""习酒·我的大学""茅台王子·明亮少年"等公益助学活动。截至2020年，仅"中国茅台·国之栋梁"一项，茅台集团累计捐款达9.14亿元，受益学生18.28万名。从2015年开始，茅台集团实施"60·48"工程，60个党支部结对帮扶道真仡佬族苗族自治县（以下简称道真县）48个贫困村。集团派出15名驻村工作队员、35名支教骨干教师驻扎在扶贫一线。截至2020年5月，先后有800多个批次、5000多人次的茅台人来到道真县参与扶贫工作。2016—2018年，茅台集团一次性捐资3000万元，并贴息5000万元资金为道真县融资3亿元，帮助建设800余千米"小康路"。近年来，茅台集团积极开展产业扶贫，培育贫困地区脱贫致富的内生动力。茅台集团捐资1290万元打造道真县三桥镇食用菌产业扶贫示范园，截至2020年5月建成237个产业大棚，按照"一户两棚"的发展模式，带动160余户贫困户稳定就业，户均增加纯收入5万余元。茅台集团帮助道真县贫困户改种红高粱，用以酿造茅台酱香系列酒，茅台集团以3元/斤的保底价回收，每亩地的收入是原来的3倍。2019年，道真县种植茅台酱香系列酒用高粱达到1万余亩，约2610户9135人受益，户均增收6780元。2020年，茅台集团捐赠4000万元，重点帮助道真县的6个村实现"一村一产业"，巩固好帮扶成果，防止返贫和新的贫困发生。2015—2020年，茅台集团累计资助道真县达3.2亿元，帮助道真县补齐基础设施短板，增强产业发展动力，改善民生保障，全面助推道真县成功"摘帽、出列和清零"，进入巩固提升阶段。近年来，茅台集团积极探索具有自身特色的"三带"产业扶贫新模式，即品牌带产业、企业带基地、合作社带农户，以"公司+基地+贫困户"的方法，把带动一方群众脱贫致富有机融入茅台产业链，积极推动贫困地区扶贫从"输血式"向"造血式"转变。茅台集团将仁怀市、播州区、汇川区、习水县、金沙县划定为茅台酒有机高粱种植基地,实施工业反哺农业,大幅提高原料收购价格,种植面积近100万亩,带动近10万农户增收3.5亿元以上。2015年2月,茅台集团响应大扶贫战略号召,在丹寨县投资3亿多元建设茅台生态农业公司,推广蓝莓种植和精深加工。2020年,丹寨县从事蓝莓种植的专业合作社达14个,种植面积近20,000亩,数千农户参与蓝莓种植,蓝莓产业已成为丹寨县特色产业。茅台集团在丹寨县建立起占地200多亩的蓝莓加工园区,开发了蓝莓发酵酒、蓝莓利口酒、蓝莓果汁等产品,年最大蓝莓去化能力近6000吨。茅台集团在助力脱贫攻坚方面的扎实行动和辉煌成就得到国家和社会的高度肯定。2020年,茅台集团荣获全国脱贫攻坚奖组织创新奖。

(二) 教育扶贫的贵州经验

教育扶贫是脱贫攻坚的一项基础性工作,是提升贫困群体文化素质和工作能力,拓展工作渠道和成长空间的根本途径。习近平总书记指出:"扶贫必扶智。让贫困地区的孩子们接受良好教育,是扶贫开发的重要任务,也是阻断贫困代际传递的重要途径。"[①] 党的十八大以来,贵州省把教育扶贫作为全省扶贫攻坚"十项行动"之一,出台了一系列有力措施,强化教育基础设施建设和教师队伍建设,加大对教育的资金支持力度,走出一条特色鲜明的教育扶贫之路。

从2011年开始,贵州省先后出台了多项关于教育扶贫的政策和规划。《贵州省"十二五"扶贫开发规划》提出到2015年贵州贫困地区九年义务教育巩固率达到85%,高中阶段毛入学率达到70%,高等教育毛入率达到27%。2016年,贵州省进一步出台《贵州省教育精准脱贫规划方案(2016—2020年)》和《贵州省教育脱贫攻坚"十三五"

---

① 《给"国培计划(二〇一四)"北师大贵州研修班参训教师的回信》,《人民日报》2015年9月10日。

规划实施方案》,明确了"十三五"期间贵州教育脱贫工作的目标、路径、措施和14项重点任务。2018年出台了《关于实施贵州省教育精准脱贫"1+N"计划的通知》,以"校农结合"作为教育精准脱贫新的引领方向和突破口,通过实施N项教育精准脱贫计划,包括学生精准资助、职业教育精准脱贫等,全面提升贫困人口的文化素质和脱贫致富能力。

在基础教育方面,贵州省从2015年起在全省开展新"两基"工作,即在贵州省县域内实现义务教育基本均衡发展和基本普及15年教育工作,建立起一个包含3年学前教育、9年义务教育和3年高中阶段教育的15年义务教育体系。通过实施"特岗计划"和"国培计划",提高农村地区教师的数量和质量。

党的十八大以来,贵州省大力发展职业教育,力图使广大贫困地区农村学生通过职业教育,掌握技术技能,在实现自身脱贫致富的同时,也为城镇化和产业升级提供所需的人力资源。2013年,贵州出台"三个率先"等一系列政策,即在全国率先全省实施免费中职教育;在全国率先编制全省职业教育有关规划;在全国率先颁布施行《贵州省职业教育条例》,从而使职业教育得到跨越式发展,成为贵州教育扶贫的突破口。通过实施职业教育"9+3"计划(9年义务教育加3年免费中职教育)、中职"百校大战"、示范职业院校创建计划、师资素质提升工程、实训基地建设工程等项目,贵州职业教育数量和质量都大幅提升。高职(专科)院校由2011年的23所增加到2018年的43所,在校学生由13.9万人增加到34万人。

在发展职业教育方面,贵州省的一个创举是建设贵州(清镇)职教城。该职教城位于贵州省中部腹地清镇市城区西北部,规划总面积80平方千米。2012年,在原有的"贵阳职业教育聚集区"基础上,贵州省政府正式定位建设"贵州(清镇)职教城"。截至2021年年初,该职教城院校及配套基础设施累计投入约278.38亿元。多年来,贵州省、贵阳市、清镇市三级党委政府及省市相关职能部门按照"世界眼光、国内一流、贵州省特色"的理念,共同致力将贵州(清镇)职教城打造成全国领先的"生态园地、科创基地、人才高地",建设集"学历教育、技术培训、技能鉴定、职业指导、技能大赛、生态低碳"为一体的贵州省唯一的职业教育示范区。2020年,该职教城已入驻的职业院校包括贵州交通职业技术学院、贵州装备制造职业学院、贵州工商职业学院、贵州农业职业学院、贵州水利水电职业技术学院、贵州食品工程职业学院等19所院校,其中15所已建成办学,在校师生14万余人,每年输出技术技能型人才3.2万人。贵州(清镇)职教城各职业院校专业涵盖一、二、三产业共324个,400余家省内外企业通过"订单培养""顶岗实习""合作共建"等方式与院校开展校企合作,学生就业率获得极大保障,毕业生平均就业率达95%以上,中职升高职、高职升本科比例逐年上升,累计为社会培养技能型人才约14万人。贵州(清镇)职教城为农村贫困家庭子女学会一技之长、摆脱贫困代际传递的命运创造了多方面的条件,为助力贵州脱贫攻坚事业贡献了独特的力量。"十三五"期间,贵州(清镇)职教城把职业教育作为教育扶贫的重要抓手,坚持"输血""造血"并举,引导贫困家庭学生接受职业教育,大力实施"职教一人、就业一个、脱贫一家"的职教精准扶贫计划,多所省属职业教育院校开设"精准扶贫班""全免费订单精准脱贫班",为贫困家庭子女制定优惠政策,鼓励他们通过职业教育和培训,树立自信自强的意识,通过自身努力和社会帮助走出精彩的人生之路,在服务社会的同时使自己和家庭脱贫致富。"十三五"期间,贵州(清镇)职教城入驻院校采用对口、订单、定向等培养模式面向贫困地区开设精准脱贫班100余个,累计招收贫困家庭学生4万余人,截至2021年年初已有效促进2万名学生毕业后稳定就业,贵州(清镇)职教城教育扶贫的成功实践受到党和国家领导人的高度肯定。2015年6月17日，习近平总书记来到贵州（清镇）职教城，考察了贵州省机械工业学校，了解了贵州省教育"9+3"计划实施情况、贵州（清镇）职教城规划建设和教育扶贫情况。习近平总书记肯定了学校重点招收贫困学生入学，通过技术培训、学历教育、职业指导、校企合作等方式支持农村脱贫的实践。他指出，职业教育是我国教育体系中的重要组成部分，是培养高素质技能型人才的基础工程，要上下共同努力进一步办好。习近平总书记还指出，学生时代是美好的，同学们在这里积蓄奋发力量，每一寸光阴都很宝贵。各行各业需要大批科技人才，也需要大批技能型人才，大家要对自己的前途充满信心。习近平总书记希望同学们立志追求人无我有、人有我优、技高一等的境界，学到真本领，用勤劳和智慧创造美好人生。①

为了使更多贫困家庭的学生接受高等教育，贵州2011—2017年先后出台了《关于贵州省面向贫困地区定向招生专项计划的实施意见》等文件，通过实施多种定向招生政策，为贫困地区学生提供了更多接受高等教育的机会。2011—2018年，贵州省通过定向招生计划招收农村和贫困地区学生27,311人。

在具体落实省委、省政府教育扶贫政策方面，贵州各地因地制宜，形成许多各具特色的政策措施。其中黔南布依族苗族自治州平塘县的一些做法值得学习借鉴。

第一，加大对贫困户的教育支持。平塘县在用好用足国家教育资助政策的基础上，在全省率先实施学前营养改善计划全覆盖工程；在全省率先实施学前"三免"（免建档立卡户幼儿保育费、教育费、取暖费）

---

① 参见《习近平：看清形势适应趋势发挥优势 善于运用辩证思维谋划发展》，新华网2015年6月18日，http://www.xinhuanet.com//politics/2015-06/18/c_1115663598.htm，最后访问时间：2022年3月22日。

政策；在全省率先实施普通高中"双免"（免学费、住宿费）政策。政策实施以来，累计资助学生10.5万人次，资助资金4973.1386万元。

第二，创新"校农结合"教育扶贫模式。在实施"校农结合"工作过程中，平塘县以学生营养餐食材需求为导向，通过建立种植养殖基地、引入相关加工企业、在高校开设农产品销售实体店等形式，形成了"乡厂校店"模式。目前，已建成乡厂18家，已有9家入驻电商平台，开办校店15家，实现了"线上订单、线下配送"的全方位多渠道销售，有力地促进了产业向规模化、标准化、市场化发展。自推广"校农结合"扶贫模式以来，"校农结合"农产品销售达8459.96万元，累计带动10,747户建档立卡贫困户发展生产，实现户均增收6000元以上。

第三，义务教育由基本均衡稳步向优质均衡迈进。近年来，平塘县共投入资金12亿余元，新建、改（扩）建义务教育学校87所、幼儿园29所，新增校舍建筑面积21.34万平方米，建设运动场14.92万平方米；投入资金1.13亿元改善教育装备，教育信息化水平显著提升；投入资金2360余万元进行校园环境改造和校园文化建设，各校面貌焕然一新；成功申创国家、省、州级示范学校64所。2018年以全省第二名的好成绩通过国家对县域内义务教育基本均衡发展评估验收认定。

第四，全员下沉确保教育扶贫底数精准。开展教育扶贫以来，平塘县各中心校和中学利用农民工返乡之机，积极与村"两委"、网格员对接，组织全县教师开展"大家访"活动，先后对6万名学生及家长进行了政策保障、感恩教育、心理疏导等方面的宣传教育工作。

第五，实现全县中小学生线上学习全覆盖。对因部分缺少学习终端而不能参加线上学习的学生，学校和教育管理部门及时联系县广电网络，移动、电信、联通公司，整合爱心企业、爱心人士及社会力量向家庭困难学生和地处信号弱的学生家庭免费赠送智能手机、电视机和安装宽带，帮助学生解决网上学习问题，实现全县中小学生线上学习全覆盖。

第六，积极开展东西部教育交流。平塘县先后选派110多名校长、后备干部、中层管理人员和骨干教师到东部优质学校跟岗学习或挂职锻炼，东部帮扶城市先后选派26名优秀教育管理专家或骨干教师到平塘县开展支教帮扶，开展各级各类讲座或培训9场次，接受培训的教育管理干部和骨干教师总计达2500人。目前，平塘县已有77所学校与东部优质学校形成"一对一"或"多对一"的协作帮扶模式，东部帮扶城市共向平塘县提供教育援助资金5000多万元，建设各级各类学校4所，帮助4所贫困地区薄弱学校完善设施设备。

（三）医疗健康扶贫的贵州特色

在行业扶贫方面，贵州的医疗健康扶贫走在全国前列，率先在全国实现了省、市、县、乡四级公立医疗机构远程医疗全覆盖，走出一条特色鲜明的医疗健康扶贫之路。

贵州是全国山区最多的省份，很多农村地处偏远，交通不便，村民收入低下，农民遇到疾病往往得不到及时治疗，小病拖成大病。很多疾病使农民丧失劳动能力，进而陷入贫困，因病致贫的现象在贵州农村普遍存在。针对这种情况，贵州省委、省政府把医疗卫生作为全省经济社会发展必须补齐的三块短板之一，作出了"像抓教育一样下更大决心抓好医疗卫生事业"的重大战略决策，先后出台了《关于大力推动医疗卫生事业改革发展的意见》和《关于加快推进卫生与健康事业改革发展的意见》，明确要实现三甲医院对县级医院远程医疗服务全覆盖，县级医院对乡镇卫生院全覆盖。2016年，贵州以开展国家远程医疗政策试点工作为契机，采取有力措施，全面推进全省远程医疗服务体系建设，建成了全省统一的远程医疗专网和远程医疗服务管理平台，率先在全国构建了"一网络、一平台、一枢纽"远程医疗架构。2016年实现了"县县通";2017年实现了"乡乡通";2018年覆盖全部妇幼机构。2019年,贵州继续完善"纵向到底、横向到边"的远程医疗体系,全力打通远程医疗服务"最后一公里",推动远程医疗向村级延伸,支持村卫生室开展远程门诊、远程健康教育、远程培训等服务。远程医疗体系的建设大幅提升了基层医疗服务水平,增强了乡村地区的医疗保障能力。

为了提升医疗服务能力,贵州出台了《贵州省基层医疗卫生服务能力三年提升计划——县级医院服务能力实施方案(2016—2018)》,提出要完善"全天候全覆盖"的远程医疗运行保障机制,发挥远程医疗服务对提升县级医院疑难重症诊断能力的作用,全面提高疾病诊断效率和质量。全面推进县级以上公立医院、妇幼保健机构、乡镇卫生院的远程会诊室等场地标准化和网络规范化建设。同时,按照填平补齐原则,为乡镇卫生院(含政府办社区卫生服务中心)配备数字化医用X射线系统(DR)等9类数字化医疗设备10,689台,加上原有的3096台,乡镇卫生院全部配齐9类数字化医疗设备。贵州组织三家省级龙头医院牵头,加强对各地医疗机构的指导和支持,强化培训,先后开展影像、心电、检验等操作人员和诊断医生的培训达2万余人次。

贵州充分借力全国优质医疗卫生资源,加速推动当地医疗卫生事业发展。2016年贵州省政府与原国家卫计委签署《关于共同推进贵州医疗卫生事业改革发展的战略合作协议》,开展援黔医疗卫生对口帮扶。截至2019年年底,国家卫生健康委、国家中医药局属管和东部6省8市(包括深圳市)共341家医疗卫生机构与省、市、县三级共244家各类医疗机构建立了对口帮扶关系。

2016年以来,贵州省委、省政府连续3年将"县级以上公立医院远程医疗全覆盖、乡镇卫生院远程医疗全覆盖、县级以上妇幼保健机构远程医疗全覆盖"列入政府民生实事，纳入重大事项督查范围，全力推动落实。各级财政累计投入资金8.45亿元，实现省、市、县、乡所有政府办医疗机构共1836家全覆盖，实现远程医疗"县县通""乡乡通"。从2018年开始，省级财政每年预算安排专项经费用于省级远程医疗服务工作的常态化运行和系统运维。

贵州远程医疗服务体系已成为全国区域整体推动服务体系建设的典型，得到了中央有关领导、国家卫生健康委及贵州省委、省政府的充分肯定，是国家卫生健康委主任在2020年全国"两会""部长通道"上点赞的唯一省份的唯一工作。贵州医疗健康扶贫工作也取得了巨大实效。2018年，贵州因病致贫返贫人口比上年减少了17.18万人，医疗健康扶贫对脱贫攻坚的贡献率从2015年6.83%提高到13.73%。

四、科技助力，精准扶贫

精准扶贫是高效推进脱贫攻坚事业的关键。2018年8月，贵州省颁布实施《贵州精准扶贫标准体系》，规范精准脱贫工作内容，首批发布贵州省地方标准26个，成为全国第一个发布精准扶贫标准体系的省份。为了全面落实精准扶贫标准体系，贵州发挥大数据产业优势，实现了贫困人群精准识别、动态监测，扶贫工作精准推进，扶贫效果精准评价。

贵州的大数据产业在全国处于领先地位。充分发挥大数据精准识别和信息支持的优势助力扶贫开发，提高脱贫帮扶工作的效率，成为贵州脱贫攻坚的又一大亮点。党的十八大以来，贵州省委、省政府在全省深入推进大扶贫、大数据、大生态三大战略行动，充分运用大数据云平台等高科技手段建设贵州扶贫云，支撑大扶贫战略的高效实施，将科技创新的最新成果运用到脱贫攻坚的具体工作中，在实践中取得了一系列成功的经验。

(一) 建设精准扶贫数据库，实现扶贫领域数据资源共享

近年来，贵州利用大数据技术建成精准扶贫主题数据库，完成贫困人口信息、教育精准扶贫学生资助名单、数字乡村综合监测数据等43项扶贫数据资源的收集和技术处理，并上架贵州省数据共享交换平台，为精准扶贫提供了基本的信息支持。贵州省大数据平台还将企业基本信息、护林员基本信息、村卫生室数据等11个省直部门26项数据资源入库至精准扶贫主题库，累计入库数据超过1.06亿条。贵州还推出"贵州扶贫云"手机APP，建设明白栏信息核实平台、务工意愿登记平台、反馈问题督改平台等子平台，将全省建档立卡贫困户各种帮扶措施落实情况、贫困户就业情况和就业意愿以及脱贫攻坚工作中群众反映的问题等信息上传至平台，以备上级部门及时掌握各项扶贫工作的进度并进行督促整改。通过省数据共享交换平台，贵州将建档立卡相关数据共享至省纪委、省军区国防动员局、省教育厅等16个部门和地区，使管理部门准确地调度督促各项扶贫工作的开展。扶贫数据库的建设和广泛使用，实现了扶贫信息和数据的收集整理和全面共享，极大地提高了扶贫工作的精准性，降低了工作成本，为贵州省脱贫攻坚各项工作的顺利推进发挥了巨大作用。

(二) 利用各种数据平台助力农村脱贫攻坚

贵州充分发挥大数据优势，紧密结合脱贫攻坚需求，建设了脱贫攻坚挂牌督战大数据平台。通过数据的不断汇聚和比对分析，脱贫攻坚工作实现了精准调度、精准分析、精准核对、精准处理。建设这个大数据平台还实现了领导实时指挥调度、督战队实时督促检查、作战队实时核

实数据等多项功能。平台通过汇聚相关省、县级部门数据，确保各级领导能随时跟踪贫困人员动态情况，对不同对象分类检索，了解县、乡、村、户、人具体数据情况，了解督战队、作战队员工作情况，使战斗在脱贫攻坚一线的同志能够通过数据比对及时发现问题、核实问题和解决问题，形成"问题派发、督促整改、核查销号"全流程闭环式管理机制，确保督战不留死角、不留盲区，有力地助推了脱贫攻坚工作。贵州深度贫困县威宁县利用脱贫攻坚挂牌督战大数据平台汇聚了14个省直部门161个指标共224万条数据和威宁108万条数据资源，为该县按时完成脱贫攻坚任务提供了精准的信息支持。贵州积极建设"劳务就业扶贫大数据平台"，为贫困人口就业提供帮助。目前"贫困劳动力数据库"、"劳务就业扶贫岗位数据库"、人岗匹配模块、就业成效模块、平台管理模块已开发上线。贫困劳动力数据库已经上线4,422,857条人员数据，包括317,664条重点人员数据、4,105,193条普通就业人员数据；劳务就业岗位数据库已上传11,810条岗位数据，包括295,156个岗位。为16,311位重点人员、2062位普通人员推荐就业岗位，并使1088位重点人员和5374位普通人员找到了满意的工作。大数据还为农村"精准扶贫"提供了技术支撑。"贵州扶贫云"按照扶贫对象精准、项目安排精准、资金使用精准、措施到户精准、因村派人精准、脱贫成效精准的要求，着力推动扶贫工作数字化、动态化、精准化建设，实现了对全省脱贫工作的精准管理、动态管理和科学管理，为全省脱贫攻坚、同步小康提供了强力支撑。贵州通过打造"贵州扶贫云"，打通部门数据壁垒，推动系统整合和数据共享，有效解决扶贫数据不准、不通等问题，实现对全省建档立卡贫困人口扶贫脱贫精准识别、精准帮扶、精准退出、动态管理、全程留痕。同时，数据平台打通了扶贫、公安、教育、卫计、工商、民政、人社、国土、住建、水库移民、水利、工商联等与扶贫相关的省级部门数据，"死"数据变成"活"数据。"贵州扶贫

贵州脱贫攻坚的理论和实践研究

云"能够对高考录取新生信息与贫困户进行自动精准比对,实现贫困学生直接报到入学、自动减免学费。在此基础上,贵州针对精准扶贫、精准脱贫工作中的不同需求,通过各部门应用系统自动共享和推送数据、自动比对、实时更新,实现扶贫工作"用数据说话",做到"真扶贫、扶真贫",有力支撑了精准扶贫,提升了扶贫工作效率。贵州大数据局还利用大数据平台助力农村产业结构调整。"500亩以上坝区大数据平台"实现了坝区农业结构调整可视化调度、坝区农业产业结构调整工作的精细化管理和涉农数据标准化采集,为全省500亩以上坝区农业产业空间布局优化、结构调整等工作提供决策依据,有力地支撑了产业扶贫工作的精准实施。贵州省大数据局还进一步完善农业基础数据公共服务平台,通过贵州省"农业云"整合8类数据,涵盖了种植、畜牧、水产、市场等各类农业信息资源,建成脱贫攻坚产业情况分析、新农村建设资金分析和农机补贴资金分析等5个应用专题。贵州积极推动全省75个农业园区开展了146个物联网建设项目,实现了对农田实况视频、农业气象、土壤墒情、农作物生长状况、病虫害等进行实时监测,结合作物产量预估模型,为贵州特色农产品的长势和产量进行预测预警,实现农业数据资源、农业生产管理的统一集成、统一管理、统一共享和统一服务。

(三)发挥大数据技术优势,助推农村产业革命

近年来,贵州加快大数据与农村产业结构调整深度融合,有效推动农村产业升级优化。第一,贵州利用大数据技术,不断健全农业标准规范体系。近年来,重点开展"贵州省农业信息资源分类与编码规范""贵州省农业信息资源元数据""贵州省农业大数据中心接口规范""贵州省农业'一张图'平台接口规范""贵州省农业空间信息资源制图标准"等技术规范研究。其中"贵州省农业信息资源分类与编码规范"

被列入原农业部2018年农业行业标准制定和修订项目任务指南,得到国家行业主管部门的认可。第二,贵州利用大数据助力农业企业数字化转型。2018年以来,贵州大力实施"万企融合"大行动,发挥大数据在脱贫攻坚中的重要支撑作用,帮助农业企业向数字化、网络化、智能化转型,促进农业产业质量变革、效益变革、动力变革。第三,发挥大数据平台优势,搭建农产品销售渠道。贵州围绕蔬菜、辣椒、刺梨等重点农产品打造专业化产销智慧对接平台,实现产销更加精准的对接。贵州蔬菜集团建设的"黔菜网"于2020年3月上线,通过采集和分析贵州蔬菜基地种植信息、冷库信息、冷链物流信息、贵州省内外农产品交易信息、全国农产品价格信息等数据资料,有效打通贵州省贫困地区农产品产销壁垒,构建农产品流通生态圈。2020年5月,"贵州农产品大数据平台"正式上线,现有41个蔬菜生产大县、947个基地、150.23万亩农田、1781个农产品、280台冷链车等相关数据,注册用户达到4830人,访问量近10万,通过该平台能掌握全省蔬菜产业种植和销售情况。"中国辣椒产业大数据综合服务平台"已建设成为全国辣椒云服务平台、B2B电商交易平台等辣椒全产业链综合服务平台,定期发布全国辣椒价格指数,并吸引商户200余户入驻,累计交易额超过40亿元。第四,利用大数据技术建设农产品溯源系统。目前已建成"食品安全云"、动物及动物产品检疫电子出证平台、农产品质量安全电子监控系统等应用系统,为农产品生产企业提供质量追溯技术服务。"宏财刺力王"构建刺梨产品全过程溯源体系,建设刺梨特色农产品品牌,覆盖贫困户3万户,每亩增收2210元,有效推动了"黔货出山"。第五,贵州还通过发展电子商务带动贫困户增收。贵州全省创建国家级和省级电子商务进农村示范县79个,建成县级电商运营服务中心70余个,村级电商服务站点10,250个,全省乡镇快递物流实现了全覆盖。据不完全统计,贵州电商企业创造就业岗位9.15万个,累计培训建档立卡贫困人口15万人次,累计服务建档立卡贫困户200万人次,直接或间接带动近10万贫困户增收。贵州组织国内大型电商企业与贵州贫困县、乡对接,推动贫困地区农产品上线销售,以大数据分析结果为依托,开展订单式农业,形成了"一店带多户""一店带全村"的创业致富新模式。

(四) 利用大数据高效推进民生扶贫

第一,贵州在全国率先建成覆盖省、市、县、乡四级公立医疗机构的远程医疗服务体系。"医疗健康云"实现优质医疗资源的共享,全省199个县级以上公立医院和1543个乡镇卫生院全部联通远程医疗网络系统,实现与全省统一预约挂号服务和家庭医生签约服务的协同联动,推动远程医疗服务与全员人口、电子健康档案及电子病历数据共享和互联互通。第二,贵州瞄准教育资助"痛点"发力,强化贫困学生信息分析。"贵州省教育精准扶贫系统"对全省贫困学生信息、扶贫结果跟踪分析,提高教育扶贫效率,实现精准资助,应助尽助。"精准扶贫大数据支撑平台"自动将高校录取的大学生信息与贫困家庭的子女进行精准比对和互认,贫困学生在收到大学录取通知书的同时,还会收到自动减免学费的短信提醒,跑腿次数从至少2次变为0次,时间从4—6个月变为即时办理,改变了以往贫困学生需要往返多地、到多个部门办理的烦琐程序。第三,着力推动"互联网+益民服务",群众大数据获得感持续增强。通过3年努力,贵州全省已实现水、电、燃、广电等基础互联网民生服务省、市(州)、县、乡(镇)、村五级全覆盖。目前,"云上贵州多彩宝"电费、燃气费、数字电视费等民生缴费服务,已实现省、市(州)、县、乡(镇)、村五级全覆盖;自来水缴费服务实现覆盖800多个乡镇。贵州是全国第一个实现水、电、燃气、数字电视等基础互联网缴费民生服务城乡全覆盖的省份。

五、精准脱贫,巩固成果

(一)健全退出机制,确保合理退出

为了保证脱贫攻坚成果真实可靠,防止假脱贫和已经达到脱贫标准却为了享受政策优惠而"该退不退"等现象的发生,贵州省建立健全贫困退出机制,明确贫困县、贫困村、贫困人口退出的标准和程序。在脱贫验收工作中,贵州各级党委和政府严格执行退出标准,严格规范工作流程。对贫困人口退出实行民主评议,对贫困村、贫困县退出进行审核审查,退出结果公示公告,让群众参与评价,做到程序公开、数据准确、档案完整、结果公正。贵州省还委托第三方对摘帽县和脱贫人口进行专项评估,重点抽选条件较差、基础薄弱的偏远地区,重点评估脱贫人口退出准确率、摘帽县贫困发生率、群众帮扶满意度,确保退出结果真实。① 2020年11月,贵州最后9个贫困县顺利通过评估验收,退出贫困县序列。根据全国扶贫开发信息系统数据和西南大学、四川农业大学、华大智库信息咨询(武汉)有限公司3家第三方评估机构实地评估检查反馈,9个贫困县错退率和漏评率均为0(低于2%的国家贫困县退出标准),群众认可度平均为99.12%(高于90%的国家贫困县退出标准),这一结果充分证明贵州全面脱贫是真实可靠的。

(二)巩固脱贫成果,创新防贫机制

贵州省为了巩固脱贫成果,防止已脱贫人群重新返贫,坚决贯彻落

---

① 参见贵州省扶贫开发领导小组办公室:《牢记嘱托 感恩奋进 书写中国减贫奇迹的精彩贵州篇章——贵州省脱贫攻坚总结报告》,贵州省乡村振兴局网站2021年4月29日,http://xczx.guizhou.gov.cn/xwzx/zwyw/202104/t20210429_69930894.html,最后访问时间:2022年4月15日。

实习近平总书记"四个不摘"要求。一些地区在防止返贫、稳定脱贫方面进行了机制上的大胆探索和创新,铜仁市江口县就是一个成功的范例。

2017年实现整县脱贫后,江口县在创新防贫机制,巩固脱贫成果方面进行了大胆尝试,初步建立了防贫监测预警保障长效机制,有效提升了脱贫质量和成色。江口县建立了一套县、乡、村三级联动的工作体系,标准化案例式的操作准则,同时开发的防贫监测预警系统采取大数据共享模式,实现了自动筛查、自动预警、自动评估,不仅能够精准防贫,而且极大地减轻了基层工作负担。江口县防贫监测预警保障长效机制主要做法有四种。

第一,建立监测机制,摸清对象底数。首先,锁定监测对象。江口县针对有返贫风险的已脱贫户、有致贫风险的非贫边缘人口,把家庭年人均纯收入低于4000元、因病因学刚性支出远大于收入、突发事故等导致基本生活陷入困境的重点人群纳入监测对象,实现对全县监测对象精准掌握。其次,明确监测程序。江口县对家庭年人均纯收入低于4000元、因病因学刚性支出远大于收入等重点人群,采取"群众申请、入户调查、部门比对、村民小组评议、村民代表审议、村级公示、乡镇复核、县级备案"程序进行识别;对因灾、突发大病、突发事故导致基本生活陷入困境的重点人群,采取简易程序及时纳入予以扶助救助。同时,以村民小组、易地搬迁点楼房为基本网格单元,明确网格员逐户开展走访摸排,定期了解监测对象家庭生活及就医就学情况。最后,建立监测台账。通过县、乡、村三级自下而上逐级、逐户进行研判,全面摸清"四类"重点监测对象底数,建立监测对象台账。

第二,建立预警机制,强化动态管理。首先,动态预警。按照"统一管理、动态调整"原则,针对重点监测对象,落实网格员、驻村工作队、帮扶责任人"三支队伍"每月进行走访对比,定期了解收入支出、产业就业、就医就学、住房饮水等情况,按照识别程序,常态掌握监测对象变化情况。把防贫对象分为"返贫致贫临界户""返贫致贫边缘户""返贫致贫监测户"三类人员,实行红、橙、黄三级管理,实现标识清、底数明、措施实,常态化监管。其次,分类标识。根据家庭收支、生产生活、因病、因学、因灾等方面情况,按照"返贫致贫临界户""返贫致贫边缘户""返贫致贫监测户"进行分类管理,实行红、橙、黄"三类标识"管理,逐户制定防贫方案、提出保障评估报告,形成"一户一报告"。同时,将评估报告录入管理台账,实现标识清、底数明、措施实,常态化监管。最后,责任包保。按照"分类管理、定人定责"的原则,对检测对象落实网格员(党员组长、驻村干部、帮扶干部)每月走访调查,常态掌握监测对象实时情况,并结合监测对象家庭实际制定动态帮扶措施。

第三,建立保障机制,阻断贫困根源。首先,建立第一重保障,落实扶持政策。整合扶贫产业、就业培训、创业支持、医疗救助、政策平台、教育支助、应急救助、住房保障、低保保障等政策,实行"一增一降一保障"扶持(通过产业就业、低保保障等增加困难群众家庭收入,通过应急救助、医疗救助和教育资助等降低医疗教育刚性支出,保障困难群众住房饮水需求)。其次,建立第二重保障,争取公益资源。充分利用东西部扶贫协作、中国扶贫网、江口籍成功人士等资源,积极争取"公益平台、慈善组织、爱心公司、春晖人士"等公益类支持,根据监测对象因病、因学、因灾所需,有针对性地指出和补足空白点,消除返贫风险。最后,建立第三重保障,实施防贫救助。建立县级防贫救助资金池和10个乡镇(街道)防贫救助资金池,重点对因灾致贫、突发大病致贫、突发事故致贫等新致贫对象和通过相关政策和公益资源扶持仍然无法达到"两不愁、三保障"要求的防贫对象,及时启动"防贫救助"项目,由县防贫预警监测工作中心负责统筹协调和审核实施,县、乡两级组建核查工作组,按照核查、认定、公示的要求实施救助,确保不出现一例返贫、不发生一起致贫。

第四,建立长效机制,提升造血功能。首先,产业发展长效机制。县委、县政府研究并印发《江口县关于建立健全产业扶贫利益联结机制的实施方案》,大力推广"龙头企业 合作社 农户"的组织方式,围绕生态茶、冷水鱼、猕猴桃三大主导产业和中药材、蔬菜两大增收项目深入推进农村产业革命。其次,就业扶持长效机制。全面施行"培训资源优先满足易地扶贫搬迁群众、新增公益性岗位优先安排易地扶贫搬迁群众、新增城镇就业岗位优先推荐易地扶贫搬迁群众、搬迁安置门面优先让利搬迁群众、城市服务产业优先扶持搬迁群众和创业政策优先支持搬迁群众"六个优先扶持政策,促进就业创业。最后,社会保障长效机制。对义务教育、基本医疗、住房安全和饮水安全保障政策落实进行"回头看",确保各项惠民政策落到实处。

江口县探索建立防贫监测预警机制的成功实践,得到汪洋同志、胡春华同志的高度肯定,两次受邀参加国务院扶贫办脱贫攻坚座谈会,专题汇报建立防贫机制巩固脱贫攻坚成果工作。江口县探索出的防贫监测预警机制被写入贵州省委、省政府《关于确保按时高质量打赢脱贫攻坚战的指导意见》,并被评为2019年度贵州全面深化改革优秀案例。

第四章

全面深化农村改革，
激发脱贫新动力

第四章
全面深化农村改革，激发脱贫新动力

党的十八大以来，贵州省委、省政府紧紧围绕农村这个脱贫攻坚主阵地，开展了一系列体制机制的改革和探索，力图激发农村发展的内生动力，为农民脱贫致富建立体制机制的保障，其中的一些改革和创新具有普遍意义和推广价值，值得认真研究总结。

一、"三变"改革激活农村经济，拓宽脱贫渠道

改革开放以来，我国农村通过推行家庭联产承包制，恢复了以农户家庭为单位的农业生产经营模式，调动了广大农民的生产积极性，解决了十几亿中国人的吃饭问题。但是家庭经营存在着自身难以克服的缺陷：小规模、分散化、碎片化经营不利于农业资源整体优化配置，难以与大市场对接，已经不适应现代市场化农业发展的需要。我国农民的整体收入水平低下，也与小农生产方式有着密切的关系。贵州山地多，耕作条件较差，再加上土地的家庭分割进一步加剧了农业生产的碎片化，这是农民陷入贫困的一个重要原因。因此，要从根本上消除贵州农村的贫困问题，必须改变单家独户的小农经营方式，为农业生产找到新的出路。

（一）"三变"改革盘活了农村资源

2014年以来，贵州省六盘水市水城区米箩镇、盘州市普古彝族苗族乡娘娘山、钟山区大河镇、六枝特区郎岱镇等地，在推进农村集体产权改革过程中，分别开展了土地入股、农民资金入股、集体资源入股、财政扶贫资金量化入股等改革试点，盘活了农业资源，为农民脱贫增收

拓宽了道路。在此基础上,六盘水市委、市政府经过调研总结,把这些创新性尝试提炼概括为"资源变资产、资金变股金、农民变股东"的农村"三变"改革。这是全国范围内首次尝试的农业资源股份化、资本化、市场化改革。六盘水市"三变"改革的经验引起贵州省主要领导的重视。2015年5月13日,时任贵州省委副书记、副省长谌贻琴在《六盘水"三变"改革工作情况报告》上批示:六盘水"三变"思路,理念新、机制新、效果好,希望六盘水市委、市政府按照克志书记、敏尔省长的指示要求,在实践中不断完善,走出一条符合贵州省情,使农业增效、农民增收、农村发展的路子来,努力创造在全省有推广价值的经验。2015年11月,时任贵州省代省长孙志刚在六盘水市调研"三变"改革时指出,六盘水"资源变资产、资金变股金、农民变股东"推动农旅一体化发展的做法值得肯定,要加快总结推广,激活更多农村"沉睡"的资源,促进农民脱贫致富奔小康。2016年年初,贵州省委、省政府专门下达文件,要求在全省范围内推广"三变"改革经验。贵州"三变"改革的成功实践得到了党中央和国务院的高度肯定。习近平总书记2015年11月27日在中央扶贫开发工作会议上的讲话中强调指出:"要通过改革创新,让贫困地区的土地、劳动力、资产、自然风光等要素活起来,让资源变资产、资金变股金、农民变股东,让绿水青山变金山银山,带动贫困人口增收。"① 贵州"三变"改革的成功经验在2017年和2018年连续两年被写入中央一号文件,2018年8月再一次被中共中央和国务院出台的《关于打赢脱贫攻坚战三年行动的指导意见》采纳,作为贫困地区增加农民收入、壮大集体经济的重要途径在全国推广施行。

"三变"改革的具体做法是:第一,以折价入股的方式盘活土地等

---

① 中共中央党史和文献研究院编:《十八大以来重要文献选编》(下),中央文献出版社2018年版,第50页。

农业生产资源。在不改变土地性质和用途的前提下,通过评估,鼓励农民把土地经营权以股权形式转让给企业、合作社或家庭农场。同时,农村集体所有的土地、荒山、房屋、机器设备等生产资料在清理确权、资产评估之后,经村集体全体成员同意,折价入股合作社、企业及家庭农场等农业经营单位,获得股权收益,变"死资源"为"活资产"。通过股份制的形式,一方面把各种农业资源集聚起来,实现了规模化经营,突破了单个农户或单个村集体资源规模小、难以优化组合的局限,为构建规模化生产、企业化运作、市场化经营的现代农业经营模式奠定了基础;另一方面也让农户获得了收益,村集体资产也得以保值增值,有利于集体经济的发展壮大。第二,推动多种扶农资金和扶贫资金以股金形式投入企业、合作社等农业生产单位。近年来,国家和地方财政支持农业和农村发展的资金以及扶贫资金种类较多,但量化到村集体和农民个人头上时数量并不多,难以发挥应有的作用。通过把资金量化为村集体或农户的股金,在不改变资金性质和用途的前提下,把它集中投入农业企业、合作社或家庭农场,村集体和农户按股分红,持续取得收益,形成增收的长效机制。而分散的资金集中到农业经营者手中,能够解决经营者资金短缺问题,不仅提高了资金的效益,也盘活了其他农业资源,推动了农业产业化发展。第三,在农民个人自愿的前提下,政府鼓励和引导农民将个人所有的宅基地、房屋等资产以及资金和其他有价值的资产以股份形式投入合作社、企业或家庭农场等经营单位,参与分红,从而拓宽农民的增收渠道。这样不仅增加了农民收入,而且通过推动农业资源向少数经营主体集中,有利于农业生产规模化、市场化和现代化发展。

六盘水的"三变"改革在实践过程中,创造出多种多样的具体股权形式。如土地股、房屋股、资金股、设备股、知识产权股、管理股等。除了上述股权形式,还有其他颇具创新性的股权。

（1）劳务股。劳务股的特点是个人或劳务公司与村集体或其他经营主体签订股份合同，以提供的劳务作为股份入股，共同开展经营活动，收益按比例分红。盘州市羊场布依族白族苗族乡赶场坡村以村合作社为经营主体，整合土地资源、农户资金和劳力建成生态垂钓园、布依"农家乐"餐饮楼等经营实体，带动了26个村民（建档立卡贫困户8人）就业，吸纳每人入股资金1000—10,000元，其中6人无钱入股，合作社同意他们以劳务入股，先认缴股金，再从每月工资中抵扣。这是贵州省以劳务入股的首例。

（2）技术（技艺）股。鼓励有技术或才艺的农民以技术（技艺）作为股份投入合作社等经营实体，分得股息红利。钟山区月照街道马坝村以集体修建的600平方米房屋创建苗族蜡染刺绣基地，吸收当地11名绣娘以技艺入股，村集体占51%的股份，11名绣娘占股49%，收益按比例分红。

（3）基础设施股。村集体将基础设施以股权形式入股经营实体，取得股息收益。钟山区大湾镇开化居委会将3.18千米通组公路和80盏太阳能路灯折价118.64万元，入股茂霖苗圃农民专业合作社，参与凉都高原比女街生态园开发建设，惠及全村61户贫困户。

（4）林权股。村集体或农户将自己所有的林地入股到企业等实体参与经营活动，变林权为股权。盘州市沙淤村将村集体所有的600亩林地折价入股兴胜养殖场。前3年按每亩500元保底分红，3年后在保底收益基础上按项目收益的1%分红。

（5）自然风光股。在保护自然风光的前提下，村集体以景区所在地的自然风光、风景名胜、古树名木等资源折价入股经营实体，实现农村变景区、农舍变宾馆、农民变导游。钟山区木果镇登亨村和牛场村将原始的万亩杜鹃花海和高山草甸等自然风光入股到六盘水大河经济开发区开发建设有限公司，打造木果镇国家杜鹃主题公园。公司将景区门票收入的30%作为股息收入分给上述两个村合作社。

(二)"三变"改革催生出多种扶贫模式

贵州省在"三变"改革促扶贫的实践过程中以股份制为基础形成了多种扶贫模式。

(1)农民专业合作社模式。这种模式是在农民自愿结合的基础上,以土地等农业资源折价入股组成的股份制合作经营实体。这种模式简单明了,易于操作,具体形式可以灵活多样。它通过合股经营,把分散的农户组织起来,扩大了生产规模,降低了经营成本,也降低了农户的经营风险。农村中陷入贫困的家庭,往往是由于家庭经营所需要的生产要素存在短板,缺劳力、资金、经营能力,结果导致要素组合效益差,收入水平低下。通过入股合作社,农户可以在更大范围内实现资源优化组合,弥补单个家庭经营可能存在的短板,这对于贫困家庭脱贫致富具有重要的带动作用。

(2)"政府+金融机构+农户"模式。这是一种新型的财政扶贫模式,它把扶贫资金入股金融机构,而不是直接把钱分给贫困户,把一次性收入转变为长期收入,这样可以确保贫困户每年有一定的股息收入,能够保障他们的基本生活。这是一种典型的资金变股金的形式,它在一定程度上建立了贫困户收入长效机制,避免了贫困户虚假脱贫、脱贫后返贫等不良现象,提高了财政扶贫的实效。

(3)异地置业模式。在一些生态环境恶劣地区,产业发展条件差,贫困人口脱贫难度大,一些地方政府把各类支持无资金、无技术的贫困人口发展的财政资金整合起来,变成贫困人口持有的股金,入股外地发展良好的企业或合作社等经营实体,贫困人口每年可以获得较高的股息收入。这是资金变股金的另一种实现形式,它突破了贫困人口发展条件的限制,为贫困人口争取到更多的长期收入。

(4)"公司+基地+农户"模式。这是一种比较典型、推广范围也较广的"三变"扶贫模式。政府把财政扶贫资金以股金形式入股企业,企业在农村建立生产基地,吸收贫困户参与生产活动,既解决了贫困人口的就业难问题,又使贫困人口获得一定的股息收入,同时还在一定程度上解决了企业资金短缺的问题,可谓一举数得。

贵州"三变"改革解决了资源、资金和劳动力分散这一长期以来阻碍农业和农村现代化转型的难题。它通过转变农民观念,转换发展思路,以股份合作为纽带,把农村沉睡、分散的资源和资产聚合起来进行市场化配置,推动了农业产业化、规模化、市场化、组织化发展,壮大了农业公司、合作社和家庭农场等现代化农业经营主体,丰富了农民的创业方式、就业方式和增收方式,激活了农村发展内生动力,为我国农业市场化、现代化转型,实现高质量发展探索出一条新路。

"三变"改革走出的农业和农村发展新路,同时也是一条切实可行的精准扶贫、科学脱贫之路。贫困人口在我国农村大量存在,这既与贫困群体自身的条件有关,更与小农经营模式自身的局限性有关。在现代市场经济条件下,单家独户的农业经营方式已经无法适应农业产业化、市场化的发展要求。我国农村人多地少将是一个在相当长时间内都难以改变的现实,如何立足现实,面向市场优化农村资源配置是我国农业和农村顺利实现现代化的关键。由于土地数量有限,农民在自己的土地上难以实现充分就业,劳动力处于半闲置状态,收入当然无法增加。农村相对富裕一点的家庭大都是兼业家庭,即青壮年男劳动力外出务工挣钱,从事建筑、运输或服务业等非农产业经营活动取得收入,中老年男劳动力和妇女务农,收入的主要来源是非农收入。那些由于各种原因家庭中缺少外出务工人员,单纯依靠耕种自有土地谋生的农户则往往陷入贫困状态。如果将来仍然延续改革开放以来自发形成的家庭经营模式,在家庭范围内配置资源,中国农民的收入就难以持续提高,不仅缩小城

第四章 全面深化农村改革,激发脱贫新动力

乡差距、实现乡村振兴是无法实现的梦想,就连农村贫困现象也难以彻底根除。即使当前通过政策帮扶实现了脱贫目标,将来返贫现象也不可避免。解决这一问题的根本途径是打破资源和生产要素家庭甚至村集体的配置范围限制,推动资源和要素流动起来,在更大范围进行整合,优化资源配置,通过产业化开发实现与大市场的有效对接,这是真正的开发式扶贫。要做到这一点,前提就是"三变"改革。农村耕地在家庭范围内无法优化配置,但是可以通过转让土地经营权,让土地向种植企业、合作社或专业户集中,实现规模化种植。土地承包户既可以获得土地经营权转让收入,还可以使自身的劳动力脱离土地的束缚,选择收入更高的就业途径。这样耕地转出方和转入方都提高了收益,可谓一举两得。农户和村集体所有的林地和荒山等资源由于处于家庭分割碎片化状态,利用效率低,大多时候处于闲置状态,通过资源变资产,把它转让出去,集中到企业手中,进行开发利用,既避免了资源浪费,又增加了农民收入。政府在脱贫攻坚行动中,不是直接把扶贫资金分给贫困户,而是把它变为贫困户的股金,投入农村产业革命,既盘活了农业资源,壮大了农村经济,又使贫困户获得了持续性收入。通过"三变"改革,不仅推动了资源要素的流动和优化配置,拓宽了贫困户收入渠道,更重要的是,它打破了家庭经济固有的局限性,催生出农业企业、合作社等多种能够对接大市场的现代农业经营模式,促进了一二三产业融合发展,推进了农业产业的现代转型。"三变"改革也使贵州在农业产业革命中走在全国前列,贵州全省开展的林下经济就是这样搞起来的。我们实地调研了丹寨县林下种植中草药和林下养鸡产业,切身感受到"三变"改革给农村经济带来的巨大变化。丹寨县兴仁镇烧茶村把闲置的林地流转给排调镇和雅灰乡几个贫困人口较多的村子,后者用200万元扶贫资金建起林下养殖基地,养鸡所获利润的5%作为林地使用费给烧茶村,其余95%的利润归排调镇和雅灰乡实施该项目的村子,其中的

70%作为股息收入分配给建档立卡贫困户,基地还为贫困人口提供了就业机会。这样,烧茶村闲置的林地资源得到开发利用,产生了经济价值,排调镇和雅灰乡的扶贫资金真正发挥了资本的帮扶作用,既为社会提供了产品,增加了社会财富,又为农民提供了就业机会,增加了他们的收入,还使贫困户获得持续的股息收入。这一举措同时盘活了林地资源、扶贫资金和闲置劳动力三种资源,实现了多种资源的跨乡村优化组合和高效利用,不仅是开发扶贫的成功典范,还是农村产业化开发的高效模式。

"三变"改革还激发了农村集体经济的活力,为农村全面脱贫,走向共同富裕创造了条件。从长远来看,发展壮大集体经济,依托集体的力量带动全体村民共同发展仍然是消除农村贫困现象的一条重要途径。"三变"改革一方面通过资源变资产,使沉淀和闲置的集体资源和资产得到开发利用,形成了集体资产持续增长的机制,通过对各类扶贫资金的集中使用和项目开发,在确保贫困户持续取得收入的同时,也增加了集体经济的实力,为发挥集体经济的带动作用创造了条件;另一方面,这一改革也为村级合作社、股份合作制企业等新型集体组织的产生消除了制度障碍。这些新兴集体组织把分散的资源整合起来,在具有经营能力的带头人引领下,面向市场进行专业化、规模化生产,市场化运营,既克服了分散小农竞争力弱的弊端,又避免了集体内部的经济过度分化,是新时期农村集体经济发展壮大的希望之所在。

二、发展壮大集体经济助力减贫脱贫的塘约模式

农村集体经济是社会主义公有制经济的重要组成部分,它为我国农村总体脱贫致富、实现共同富裕发挥着至关重要的基础性作用。贵州的"三变"改革为集体经济复兴发展创造了条件,但农村集体经济究竟采

取什么样的组织形式和经营模式才能确保其持续稳定发展,是一个需要在实践中不断探索的新问题。贵州省安顺市平坝区塘约村经过几年的摸索,走出了"党建引领,村社一体,抱团发展,合股联营"的集体经济发展新模式,在短短几年内使全村实现了整体脱贫,并走上了快速发展的致富路。

(一)塘约模式是农村整体脱贫致富的成功实践

塘约村位于安顺市平坝区乐平镇,全村面积5.7平方千米,921户3392人,全村有耕地4800多亩。2014年以前,塘约村是一个多民族聚居的二类贫困村,全村有138户贫困户,贫困人口600多人。由于人均耕地少,全村有800多人外出打工。从2014年下半年开始,以左文学为书记的村党支部团结带领全体村民,通过成立"村社合一"的合作社,以共同致富为目标,探索集体化发展道路。

第一,成立"确权议事会",对全村土地经营权、林权、集体土地所有权、集体建设用地使用权、房屋所有权、小型水利工程产权和农村集体财产权等"七权"进行登记备案、确权颁证、评估认定。

第二,在确权的基础上,党支部和村委会组织成立"金土地"合作社,党支部、村委会与合作社三块牌子、一套人马。全村4881亩土地以折价入股的形式全部流转到合作社,每亩田折700元、每亩地折500元、每亩坡耕地折300元,500元为1股,全部土地折算总股数为5230股,921户村民全部成为合作社的股东,占全部股份的40%,村集体以小型水利工程等资产入股,占全部股份的30%,合作社以贷款等方式的投入折算30%的股份。这样,塘约村就建设成为一个"村社合一"的新型农村集体组织。合作社把全村土地等资源整合起来,统一开发,大大提高了资源的利用效率。合作社成立前,全村有超过30%的荒废土地。合作社成立后,把这些土地都利用了起来。合作社内部成立了种植合作社,大力调整种植结构,积极发展香葱、辣椒、莲藕、食用菌等特色农产品的规模化种植,并进一步发展生态农业、休闲观光农业,大大提升了农业的附加值。

第三,在集体组织和制度建设方面,塘约村组织设立成员大会,由合作社全体成员组成,是合作社的最高权力机构。成员大会每年召开一次,对合作社理事长等管理人员进行考核,决定合作社的重大事项。合作社内部实现了民主管理。合作社为所有股东建立个人档案,发放股权证书,并规定股权可依法、自愿实行转让、继承。同时合作社还规定入社土地由村集体统一经营,不向外流转。这一系列制度建设既保障了合作社成员的个人利益,调动了他们的积极性,又确保了合作社存续和经营的稳定性和长远发展。

第四,在经营管理方面,合作社设立了土地流转中心、股份合作中心、金融服务中心、营销信息中心、综合培训中心、权益保障中心等一系列经营服务中心,较为顺利地解决了经营过程中的一些常规性问题,如土地流转整合、资金筹集以及农户权益保障等。合作社还组建了运输公司、建筑公司、劳动输出公司等实体,在为村集体创造经济效益的同时,也为村民提供了就业机会。全村在管理上实行"七统一":土地统一规划,资金统一核算,产品统一销售,村干部统一使用,财务村务统一核算,美丽乡村统一建设,红白喜事统一操办。既提高了经营效率,又消除了利益纠纷,实现了集体利益和村民个体利益的高度一致。

第五,在村务管理方面,塘约村强化党组织的作用,打造网格化管理模式。在上级党委的领导和支持下,塘约村党总支将全村11个村民小组分成4个网格,每个网格都成立党支部,党支部下面的村民小组成立党小组,使党组织的集中统一领导作用贯彻到最底层。为确保村干部公正廉洁,塘约村成立由3名老党员组成的村务监督委员会,对村务、党务进行监督,对合作社的账务进行审查,并且对村干部实行日常考评和年终考评,由村民组长和全体农户为村干部打分,分数与奖惩挂钩。这样就消除了村民对干部的怀疑和担心,有效地化解和消除了干群矛盾,使合作社得到广大村民的真心拥护和支持,增强了村集体的凝聚力和战斗力。为改善村风村俗,党总支、村委会与村民代表大会制定了一系列村规村约,对违反公序良俗的各种行为进行制止和惩戒。惩戒对象包括"不参加公共事业建设者、不交卫生管理费者、滥办酒席铺张浪费者、贷款不守信用者、不按规划乱建房屋者、配合组委会工作不积极者、不执行村支'两委'重大决策者、不孝敬不奉养父母者、不管教未成年子女者"等违反相关制度规定和公序良俗的村民。经过加强村级治理,塘约村村风大大改善。2017—2018年,塘约村先后被评为第五届全国文明村镇和首批全国农村幸福社区建设示范单位。2019年,塘约村被列入全国乡村治理示范村。

(二)塘约经验对我国脱贫攻坚和乡村振兴具有重要借鉴意义

塘约村在村党支部和村委会的带领下,以股份合作制的形式复兴了集体经济。通过整合全村资源,统一规划和安排生产经营活动,实现了资源的优化配置,提高了塘约村整体的生产能力和经济效益,在很短时间内解决了本村贫困人口脱贫问题,走上了共同富裕的康庄大道。它的成功充分证明农村集体经济在市场经济条件下仍然具有强大的生机和活力,集体经济是可以与市场实现有效对接的。更重要的是,它再一次证明了发展和壮大集体经济依然是优化农村资源配置,实现农民整体脱贫、共同致富的一个十分重要的途径。塘约村的实践有很多成功经验值得总结和推广借鉴。

第一,充分发挥党支部村集体的带头引领作用是农村整体脱贫致富和实现乡村振兴的关键。农村要顺利完成脱贫攻坚的任务并实现乡村振兴的宏伟目标,必须要充分发挥村级党组织的组织引领作用。这其中,

贵州脱贫攻坚的理论和实践研究

一个有公共服务精神、有组织能力、有市场开拓意识的带头人对农村的整体发展至关重要。塘约村能取得今天这样的成就,与村支书左文学的作用是分不开的。2014年,当塘约村由于洪灾陷入困境时,左文学带领村干部组织成立合作社,鼓励和引导村民加入,成功地走上了集体化发展的道路。过去一段时间,由于基层组织建设存在种种问题,村党支部和村委会既不能为村民带来更多利益,又缺乏有效手段对村民进行约束和激励,村级党政组织的公信力大大下降,难以发挥基层组织的引领作用。多年来,一些地方的农村集体组织力量薄弱、组织涣散。农户各自为战,经济分化严重,贫困现象不断滋生。由于缺乏必要的组织管理,乡村违法犯罪活动有上升趋势。乡村治理状况堪忧,有些地方城乡二元分割、发展不平衡状况严重,成为制约我国总体现代化进程的短板。党的十八大以来,党中央对乡村治理高度重视,经过几年的努力,村级组织建设持续改善,国家和各省区市政府对乡村基层集体组织的经济支持也大大加强,"村社合一"全面推行,乡村治理得到明显改善。近年来,随着脱贫攻坚行动的全面展开,农村集体组织的经济实力明显增强,对农户的示范和引领作用也不断提高,这对于我国农村整体脱贫致富和实现乡村振兴发挥了奠基性作用。但是,从长远来看,乡村要实现可持续发展,不能把希望完全寄托于上级政府,而应该重点培育和打造农村集体组织的自我生存、自我积累和自我发展能力,形成自我成长的良性发展机制。这就需要加强农村党组织和村委会建设,充分发挥组织引领作用,培养和选拔优秀的乡村带头人和一批有知识、懂技术、务实肯干的基层干部。在这方面,塘约村为我们提供了一个成功的典范。

第二,乡村集体组织管理必须民主化。乡村处于中国社会"金字塔"结构的最底层,人口分散,经济社会联系较为疏松,市场发育程度较低。中国几千年的小农经济文化传统在农村仍然有较多残留,农民的家庭本位观念较重,而在短期内或个别问题上集体利益与农户个体利益又会出现矛盾,农民并不会自发地产生集体化的需求。正如博弈论中的"囚徒困境"现象所揭示的那样,个体理性并不一定会导致集体理性。虽然走集体化发展的道路并不是乡村经济发展的唯一选择,但通过塘约村的实践我们可以看到,抱团取暖、股份合作的集体经济有助于消除农村的经济分化,实现农户分工分业、各尽其长、共同致富。要使集体化模式能够持久稳定地存续和发展,就必须在充分尊重个体农户的利益和愿望的基础上形成集体意志,用集体民主决策来解决经营管理中的重大问题,让农户切实体会到集体能够代表和反映自己的利益和意志,并能够更好地实现每个个体的利益。这样的集体经济才有凝聚力和战斗力,才能够经受住市场大潮的考验。这也是新型集体经济与改革开放前生产队式的集体经济的根本区别,前者的决策是自下而上的,后者则是自上而下的;前者的决策是民主式的,后者则是命令式的。塘约村通过成员大会、村民代表大会和村务监督委员会等民主管理制度,有效地解决了个体利益与集体利益的矛盾和冲突,增强了农户对合作社的认同感和归属感,调动了农户走集体化发展道路的积极性和主动性,这是塘约村集体经济取得巨大成就的关键。

第三,要实现集体化和市场化的平衡和有效衔接。当前农村集体合作社本质上是一个企业,它必须按照市场经济条件下企业经营管理的要求来组织运行。尽管集体经济需要民主管理才能持久稳定发展,但这并不意味着集体经济事务都要经过民主讨论形成一致意见才能行动,因为这不符合市场竞争的要求。市场经济是一个供求和价格不断变化的过程,需要参与市场竞争的主体随机应变,及时调整自己的决策和行动,才能趋利避害,赢得主动。各种所有制经济都有不少企业在市场竞争中落于下风,其中的一个重要原因就是决策体制僵化迟缓,无法适应市场变化的需要。新型集体经济既要实现民主管理,又要权责分工明确,做到各尽其责、各司其职,随时对外部条件的变化作出合理应对。塘约村的"金土地"合作社就是这样一个民主决策、分工明确、运转灵活的集体化市场经营主体。虽然合作社成员大会是最高权力机关,但它只负责重大决策和年终考核,一般不干预合作社的日常经营活动。合作社的经营活动由选出的理事长总体负责,合作社的其他领导分工负责,各尽其职,既保证了日常经营管理的灵活性,又增强了合作社的市场适应能力。总之,实现集体化经营和市场化运作之间的合理平衡是农村新型集体经济成功的决定性因素。

三、农村产业革命为农户脱贫和乡村振兴奠定经济基础

农村贫困问题的根源在于产业基础薄弱,农业的比较收益过低。因此,要从根本上消除农村贫困现象并实现乡村振兴,就必须努力发展壮大农村产业,推进农业产业化和现代化,提高农业产出和收益。没有农业产业化和现代化,农村脱贫和乡村振兴就缺少持久的物质支撑。贵州省委、省政府主要领导清醒地认识到了这一点,所以他们把脱贫攻坚的重点放在推进农村产业革命上。

2018年年初,时任省委书记孙志刚提出:要来一场振兴农村经济的深刻的产业革命,在转变思想观念上来一场革命,在转变产业发展方式上来一场革命,在转变作风上来一场革命,努力推动产业扶贫和农村产业结构调整取得重大突破。① 时任贵州省省长谌贻琴多次要求,各地、各部门要围绕关键环节精准发力,确保实现更大突破。贵州省主要领导找准了贵州农村贫困落后的根源,提出了极具针对性的有力举措。

---

① 参见《贵州省委书记:来一场振兴农村经济的深刻产业革命》,中国新闻网2018年3月8日,https://www.chinanews.com.cn/gn/2018/03-08/8463090.shtml,最后访问时间:2022年3月24日。

第四章
全面深化农村改革,激发脱贫新动力

(一)全方位推进农村产业革命,培育自我发展内生动力

首先,推进农村产业革命,农民需要转变思想观念,这是产业革命成败的关键。农民的思想观念决定着他们的行为方式,如果不扭转他们的思想观念,就不可能改变他们的行为方式。长久以来,农民囿于几千年形成的耕作习惯,种植一些当地的传统作物,对市场需求的变化反应迟钝,甚至被动地接受市场的裁决,而不是主动去适应市场的变化。在这种情况下农民的收入是不可能持续提高的,所以首先要改变农民的思想观念,推动他们面向市场进行农业生产,市场需要什么就生产什么,哪种作物收益比较高就种哪种作物,变被动接受市场为主动适应市场。例如,贵州许多地方习惯种植玉米,但玉米经济价值低,又大量消耗水资源,对贵州而言是一种低效作物,农民靠在十分有限的土地上种玉米是永远也无法脱贫的。

其次,推进农村产业革命,需要转变产业发展方式。改变农民的传统生产习惯,既要以市场需求为导向调整种养结构,又要遵循现代产业经营的基本规律,以企业思维组织农业生产经营,对供、产、销全产业链进行统筹安排,推动农业规模化种植、企业化管理、市场化经营。

最后,推进农村产业革命,需要转变干部的工作作风。细节决定成败。一场农村产业革命,涉及千千万万的人和事,只有把每一项工作做实做细,才能确保成功。这就要求领导干部,特别是基层干部必须深入一线、深入实际,踏踏实实地带领农民做好产业发展的每一个环节,坚决杜绝形式主义和敷衍塞责的行为。

为了全面落实"三个转变",扎实推进农村产业革命。贵州省委、省政府把农村产业革命的重点工作进一步细化为产业选择、培训农民、技术服务、资金筹措、组织方式、产销对接、利益联结、基层党建八个方面,即产业革命"八要素"。谌贻琴同志强调指出"'八要素'是深

入推进农村产业革命的具体路径",她反复要求各级干部围绕"八要素",扎实推进每项工作。为了做实领导干部的工作,贵州省委、省政府提出政策设计、工作部署、干部培训、督促检查、追责问责的"五步工作法",强化领导干部的责任意识和担当意识。

在省委、省政府的精心部署和强力推动下,贵州各地农村产业革命轰轰烈烈地开展起来。以增加农民收入特别是贫困户收入为主要目标,贵州全省 1641 个 500 亩以上坝区大力调整种植结构,推广高效经济作物。在产业选择上,各级政府集思广益、精心分析,在对市场供求进行充分调研的基础上,根据贵州各地的自然条件,努力选择经济价值高、发展前景好、具有地方特色和优势的产业,大力调减玉米等经济效益偏低的传统粮食作物。全省确定茶叶、食用菌、蔬菜、生态畜牧、石斛、水果、竹、中药材、刺梨、生态渔业、油茶、辣椒 12 个产业为重点发展的特色优势产业。在培训农民方面,贵州各地通过新时代农民讲习所、新时代学习大讲堂等平台,对农民进行生产技术和经营管理知识方面的培训,克服农民的畏难情绪,增强它们的信心。在技术服务方面,省级层面派出 8 个产业扶贫指导工作组到市、县长期开展工作指导。开展"万名农业专家服务'三农'行动",选派专家到乡村开展技术服务,确保每个深度贫困县都有 1 支专家团队,每个极贫乡(镇)都有 1 名以上的科技副职或科技特派员,每个深度贫困村都有 1 名以上的农业辅导员。在资金筹措方面,贵州加大中央和省级财政支农资金整合力度,利用财政资金撬动金融、社会资本参与产业扶贫。2019 年,贵州大力创建"农银企产业共同体",筹集中央、省级财政资金 5.3 亿元,带动社会资本 7 亿元、银行贷款 18 亿元。在组织方式上,贵州坚持强龙头、创品牌、带农户的发展思路,推动龙头企业组建大企业集团,支持和鼓励省外企业到贵州参与农业产业化开发,规范建设农民专业合作社,实现了贫困村全部建立农民专业合作社,贫困人口全部参加农民专业合作社。在产销对接方面,贵州通过"找市场、建冷链、育主体、塑品牌"四大抓手,提高产品市场竞争力;建立绿色农产品直供直销通道,推动绿色农产品进学校、进机关、进军营、进医院、进企业、进社区。实施"黔货出山""黔货出海"行动计划,推动农产品省外国外销售;大力发展农村电商,主动对接大型电商平台、推广息烽等地电商村扶贫模式等。在利益联结方面,贵州在推进"三变"改革的基础上,大力推广"龙头企业+基地+农户"生产经营模式,明确企业、合作社、村集体、贫困户在产业链的权利和利益,重点拓宽贫困户的收入渠道,确保他们持续快速增收,早日脱贫。在基层党建方面,贵州强化村级党组织建设,提高基层党组织的组织动员和引领能力,重点从农村致富带头人、返乡大学生、退役军人、合作社负责人等群体中培养发展党员,充分发挥党组织在农村产业发展中的带动作用。

农村产业革命给贵州农村带来显著的增产增收和脱贫效应。经过多年的扶持和推广,贵州茶叶、辣椒、李子、蓝莓、太子参、金钗石斛等特色经济作物种植面积均位居全国第一。2019年,贵州全省农林牧渔业增加值同比增长5.7%,农村居民人均可支配收入增长10.7%,突破万元大关,增速均位居全国前列。贫困人口减少124.45万人,贫困发生率由2018年的4.29%下降到0.85%。进行种植结构调整的坝区平均亩产值超过7500元,同比增长30%以上,坝区农民人均可支配收入13,800元,比全省平均水平高28%。

(二)农村产业革命的成功案例——镇宁布依族苗族自治县蜂糖李产业

近年来,贵州各地在推进农村产业革命和产业扶贫过程中,打造出众多颇具特色和优势的农业产业。安顺市镇宁布依族苗族自治县(以下简称镇宁县)打造的蜂糖李产业就是其中的一个典型。

蜂糖李品种源自镇宁县六马镇,有着近百年的种植历史。该品种甜脆可口，在市场上极受欢迎，价格是普通李子的几倍甚至十几倍，依然供不应求。近年来，镇宁县紧扣农村产业革命"八要素"，用好"五步工作法"，依托本县独特的资源优势和气候条件，全力打造"中国蜂糖李之乡"，为按时高质量打赢脱贫攻坚战提供产业支撑。2020年，全县蜂糖李种植面积达16.16万亩，总产量3.75万吨，可采收面积7.5万亩，产值达11亿元，带动建档立卡户2685户11,760人，户均增收6000余元。在推动蜂糖李产业化发展过程中，镇宁县形成了一套系统科学的产业推进方案。

第一，立足优势，选准产业。镇宁县选择蜂糖李产业作为主导产业，充分考虑了其拥有的三大优势。首先，独特的气候优势。镇宁县充分利用南片区气候全年无霜、降雨较少、日照充足的气候条件和特殊的土壤成分等适宜种植蜂糖李的自然环境。经过省内外农业专家多次实地考察和可行性论证，确定蜂糖李为南片区精品水果主打品种，并在六马、沙子、良田、简嘎一带广泛推广蜂糖李种植。其次，独特的种植优势。镇宁县六马镇是蜂糖李的原产地，全镇共有76株优质高产蜂糖李母树。为了发挥当地村民的传统种植优势，推动蜂糖李产业化发展，有关部门对这76株蜂糖李母树进行保护，并对其进行嫁接枝条、繁育种苗，推动蜂糖李产业跨越式发展。近5年来，在省内外推广种植蜂糖李68.55万亩。最后，独特的品质优势。镇宁县蜂糖李平均单果重35.3克，果实可食率达97.88%，可溶性糖含量达13.54%，维生素C含量达8.95%，具有优良的品质和较好的市场前景。

第二，统筹规划，有序推进。镇宁县委、县政府围绕打造"中国蜂糖李之乡"的发展目标，把蜂糖李产业作为"一县一业"主导产业，按照宜种则种、宜扩则扩的原则和规模化、市场化、品牌化的发展思路，因地制宜将全县规划为一个核心区、一个拓展区、一个辐射区，一条蜂糖李产业示范带（"一核二区一带"），推进蜂糖李产业全局式规划、连片式打造、集约化发展。为推动规划落地，镇宁县成立了由县领导挂帅的精品水果产业发展领导小组，按照县级统筹、乡镇负责、村级抓落实的工作体制，通过加大基础设施投入力度、用活用足专家资源和农技队伍等方式，促进蜂糖李产量和品质双提升。目前，共整合各类涉农资金6亿余元打通产业核心区两条县道，建成占地约130亩的六马镇综合农贸精品水果交易市场，举办培训班60余次，培训25,000余人次，开展技术指导5000余场次，覆盖农民10万余人次。为集中发展蜂糖李产业，镇宁县以蜂糖李发源地和主产区六马镇为中心，建立了省级高效农业园区镇宁县蜂糖李产业示范园区，辐射带动良田镇、简嘎乡、沙子乡等乡镇，打造全省绿色优质农产品重要供应基地。针对蜂糖李产业长期以来存在的管理方式粗放、挂果率低、产值效益低等问题，集中力量建设蜂糖李苗圃基地，扩大产出效益，吸引全省乃至全国各地竞相引种栽培。目前已经建成蜂糖李苗圃种植基地600余亩，年产优质蜂糖李嫁接苗560万株以上，带动周边劳动力2000余人就业。

第三，多方施力，打造品牌。首先，做好品牌申报。积极推动蜂糖李地域特色品牌建设，申请地理标志认证。2017年，"镇宁蜂糖李"正式通过国家农产品地理标志认证，保护地理范围为六马镇、良田镇、沙子乡、简嘎乡4个乡镇现辖行政区域。目前，镇宁县制定了蜂糖李地理标志产品保护管理办法、蜂糖李地理标志产品标准，规范地理标志使用，以标志保证产品质量、树立品牌形象。其次，严格品牌保护。开展专项打假行动，加大对不正当交易、假冒伪劣产品查处和曝光力度，建立完善客户资源库，规范市场交易行为，有效避免假冒伪劣、以次充好等不正当竞争行为，切实保护"镇宁蜂糖李"的品牌。2019年以来，共开展各类专项打假行动35次，打击以次充好等不正当行为6次。镇宁蜂糖李销售价格已由2015年的40—56元/千克涨至2020年的60—120元/千克。最后，强化品牌营销。大力开展网络直播、主播带货、流量带动、推介活动和在各级媒体宣传报道，突出镇宁蜂糖李口感酥甜、品质优良的特征，不断提高镇宁蜂糖李的知名度。2017年"镇宁蜂糖李"荣获"全国优质李金奖"荣誉称号，2019年"镇宁蜂糖李"入选中国农业品牌目录。

第四，党建引领，利益共享。镇宁按照一盘棋布局、一体化推进、一竿子到底的要求，以乡镇为单位，建立专抓产业发展的"产业党委"，明确由一名乡镇领导担任产业党委书记，引导产业相近、地域相邻、优势互补的村成立跨村产业党组织68个。通过整合村级发展资金入股乡镇平台公司等方式，按照7∶3联结模式分配给村集体经济和贫困户，明确集中领导、精细收益分配。2019年，六马镇"产业党委"通过整合4个深度贫困村产业子基金400万元入股镇平台公司发展蜂糖李产业，实现了年保底分红36万元，其中，70%用于村级公益事业，30%用于补齐贫困户住房、医疗等短板。镇宁县坚持市场运作、利益共享、让利于民，积极引进和培育市场主体，带动农户就业增收。充分发挥县农投公司的示范带头作用，采取建好基地后实行反租倒包、免费技术培训，再按统一收购包装、统一品牌销售、统一市场开拓"三统一"规范管理。借助"镇宁蜂糖李"金字招牌，通过"线上+线下"模式将蜂糖李远销北京、上海、重庆等地。2019年，企业种植蜂糖李面积2.4万亩，其中返包农户种植0.15万亩，实现线上销售200吨，销售额达1600万元以上，带动3500余名农民就地就业，人均增收3000元以上。在经营模式上，由村党支部牵头领办合作社，采取"村党支部+合作社+农户"等组织形式，把贫困户吸纳到产业中，形成利益共同体。目前，全县所有蜂糖李种植村均建立合作社，实现贫困户全覆盖。同时，引导贫困户利用特惠贷、土地等入股合作社，按照70%作为贫困户分红，20%作为合作社分红，10%作为壮大村级集体经济等模式进行分配，实现了村级集体经济和产业扶贫合作共赢。例如，六马镇果园村大力发展

第四章
全面深化农村改革,激发脱贫新动力

蜂糖李产业,2019年蜂糖李种植面积近10,000余亩,实现村级集体经济收入达到75余万元,带动全村1600人脱贫致富。

贵州把脱贫攻坚与乡村振兴有机衔接起来,通过"来一场振兴农村经济的深刻的产业革命",为农村持续稳定发展奠定了产业基础。这是一个极富远见的战略行动,是真正意义上的扶贫。贫困只是一个现象、一个结果,贫困问题的产生有着深刻的经济根源。发展经济学的城乡二元结构理论表明,现代化的城市经济与传统的农村经济二元并存是不发达经济的典型特征。这一理论同时也揭示出农村贫困问题本质上是农村发展滞后的结果,是由于农业和农村被排斥在现代经济循环圈外。因此,要从根本上解决农村贫困问题,就必须用产业化、市场化的现代经济运作模式改造传统农业。这正是贵州推动农村产业革命的目的。贵州在推进农村产业革命过程中大力推广"龙头企业+基地+农户""公司+合作社+农户"等产业经营模式,在分散农户与统一市场之间建立稳定的利益联结机制,把农村纳入现代市场经济体系的同时,也为农户创造了多元化的收入渠道。不仅实现了农业高质量发展,提升了农业的价值,增加了农民的收入,而且为农业和农村现代化创造了必要条件,对我国乡村振兴战略的实施具有重要的借鉴意义。

第五章

突出易地搬迁工作重点，推进整村脱贫

第五章
突出易地搬迁工作重点，推进整村脱贫

以易地扶贫搬迁推动整体性的扶贫脱贫，是贵州省开展脱贫攻坚的重中之重。自2015年年底大规模启动易地搬迁工作以来，贵州省委、省政府始终把易地扶贫搬迁作为脱贫攻坚的重中之重，统筹推进，在实践中探索总结了"五个三""六个坚持"等先进经验，创造性地探索了坚持省级统贷统还，坚持以自然村寨整体搬迁为主，坚持城镇化集中安置，坚持以县为单位集中建设，坚持让贫困户不因搬迁而负债，坚持以产定搬、以岗定搬"六个坚持"的易地扶贫搬迁路径，实施了全国最大规模的易地扶贫搬迁。"十三五"期间，贵州全面完成192万人的易地扶贫搬迁任务，累计建成易地扶贫搬迁安置项目949个、安置住房46.5万套，在安置项目中全面推进基本公共服务、培训和就业服务、文化服务、社区治理、基层党建"五个体系"建设，实现了安居与乐业并重、搬迁与脱贫同步，走出了一条具有贵州特色的搬迁安置和扶贫脱贫的新路子。

一、顶层设计，围绕脱贫抓搬迁

突出脱贫的目标定位，是贵州省开展易地搬迁的重要出发点。2015年年底，贵州正式启动大规模易地扶贫搬迁工作。在搬迁工作伊始，贵州省就同步谋划贫困群众搬迁后的目标定位，在搬迁起步阶段就找准方向、走对路子。2016年，贵州省委、省政府提出易地扶贫搬迁"五个三"后续发展和生计保障机制。围绕脱贫抓搬迁，集中搬迁助脱贫，实现了易地搬迁和扶贫脱贫的良性互动。

(一) 创新"五个三"工作体系

围绕脱贫抓搬迁,需要采取切实可行的政策。贵州省创新性地提出构建"五个三"工作体系,适应了贵州的实际和群众的切身利益要求。"五个三"是指在易地搬迁中,要扎实做好"三块地"、"三就"、"三类保障"、"三个场所"和"三种机制"等工作。具体来说,就是盘活搬迁群众宅基地、承包地和山林地,统筹安置地的就业、就学和就医,衔接好城乡医保、低保和养老保险,建设好经营性公司、小型农场和公共服务站,探索建立集体经营、社区管理服务和群众动员组织的新机制。"五个三"工作体系对贵州各地易地搬迁发挥了重要指导作用。例如,毕节市织金县在搬迁扶贫中积极用好盘活宅基地、林地和承包地,通过易地搬迁,共盘活宅基地 38,220.41 平方米,用活林地 3598.1 亩,盘活承包地 10,098.27 亩。由于搬迁扶贫的后续工作有序开展,巩固了搬迁脱贫的成果,增强了搬迁移民的发展信心。

易地搬迁的"五个三"工作体系,是从贵州具体实践出发而提出的。贵州省边远地区贫困人口多,面临的情况各异,易地搬迁需要采取的措施也各不相同。其中最难的是生产资源极度短缺、生活环境极度恶化和生态环境极为恶劣的地区。"贫困与生态环境脆弱往往是共生的"①,这一特点在贵州省表现得尤其明显。从实际情况来看,贵州省的未脱贫人口大多集中在自然条件恶劣的地区,现代经济意识和教育水平均相对落后,其生存和发展对原本已经脆弱的生态环境形成更大的压力,只会加重生态与贫困的尖锐矛盾。在这种情况下,最好的扶贫措施是综合性强、系统化程度高和注重整体性的"易地搬迁"。② "五个三"

---

① 王红彦等:《易地扶贫移民搬迁的国际经验借鉴》,《世界农业》2014 年第 8 期。
② 杨爱君、刘玄玄:《精准扶贫理念下贵州省生态脱贫的实践》,《经营与管理》2019 年第 5 期。

工作体系推动易地搬迁，超越了传统的"水滴式"帮扶方式，使扶贫搬迁覆盖范围集中成片、扶贫项目整体推进，保证了有限资金和资源的集中化使用，避免了各类扶贫资源的分散化和零星化，化解了扶贫政策的短期化效应，最终带动扶贫脱贫的高效化和持久化。

（二）形成"六个坚持"易地搬迁模式

贵州省在扶贫脱贫中创造性、系统化地探索了一条适合本地实际情况的易地搬迁模式，典型的经验在于聚焦"六个坚持"。一是坚持省级统贷统还，省一级把投资压力扛在肩上，让市、县两级集中抓搬迁，充分调动基层政府和搬迁群众"两个积极性"；二是坚持以自然村寨整体搬迁为主，精准落实搬迁对象，解决区域性贫困问题；三是坚持城镇化集中安置，从根本上改善搬迁群众生产生活条件，真正实现挪穷窝、断穷根、换穷业；四是坚持以县为单位集中建设，统筹资源要素保障，提高项目建设水平和规范化管理水平；五是坚持让贫困户不因搬迁而负债，严控住房面积、建设成本和工程质量，坚守易地扶贫搬迁"保基本"原则；六是坚持以产定搬、以岗定搬，根据安置点就业岗位精准核定搬迁规模，确保"每户一人以上"稳定就业。"六个坚持"从系统工程的视角，顺应人口迁移的内在规律，是符合中央政策、符合省情实际的实践创新，切实规范"怎么搬"的问题，保证了易地扶贫搬迁各项工作规范化、高标准、高质量推进，创造了3年搬迁近200万人的人间奇迹。

"六个坚持"是立足贵州省省情的实践创新，优点在于搬迁的规模化、安置的集中化、扶贫的可持续化、搬迁工程的程序化和可操作化。由于实施"六个坚持"易地搬迁模式，贵州省在较短时间内就使绝大多数贫困农户的生产生活条件发生质的变化，创造了移民搬迁帮助脱贫解困的奇迹。

二、遵循规律，突出整体扶贫方向

从人口、资源和自然环境相互适应的规律出发，使搬迁适应人口迁移规律和城镇化、产业化发展规律，探索脱贫和发展的新路子，是贵州省围绕脱贫抓易地搬迁取得成效的重要前提。

（一）集中搬迁，力求去掉"穷根"

贵州省脱贫面对的第一个难题，是农村贫困人口巨大，数量居全国第一。其中，85%以上的贫困人口集中在滇桂黔石漠化区、乌蒙山区、武陵山区等连片特困地区。[①] 针对这种连片式特困地区的贫困人群，打破脱贫扶贫的水滴式扶贫困局，需要集中资源推进整体性扶贫。贵州开展整体性扶贫，特别注重从贫困人口的长期生产生活需要出发，改变赖以生存的自然环境，配置重建生产条件所需要的资源，配置重构生活环境所必需的资金、资源，使不利因素转化为有利因素。

在脱贫攻坚中，贵州省是全国唯一对易地扶贫搬迁全部实行集中化安置的省份。城镇化的集中安置方式最能体现贵州易地扶贫搬迁的特色。"十三五"时期贵州省累计建成集中化安置点 949 个，安置 192 万人。其中县城安置项目 354 个，安置 147.24 万人；集镇安置项目 347 个，安置 31.83 万人。中心村安置项目 2016 年安排 245 个，共安置 8.93 万人，此后不再安排中心村安置项目。此外，恒大集团援建毕节扶贫项目安置易地扶贫搬迁 4 万人。贵州省政府《关于下达贵州省 2017 年易地扶贫搬迁任务的通知》明确要求，从 2017 年起，主要实行城镇化集中安置，以县城安置为主、中心集镇为辅，不再实行农村安

---

① 刘诗宇：《贵州省扶贫生态移民工程与城镇化推进政策研究》，《贵阳学院学报》（社会科学版）2015 年第 2 期。

第五章 突出易地搬迁工作重点，推进整村脱贫

置。在贵州易地扶贫搬迁192万人中，建档立卡贫困人口共157.8万人，占易地搬迁总人数的82%。

贵州农村贫困人口的第二个特点是分布面广。贫困人口生产生活条件差、发展基础薄弱，贫困现象呈"大分散、小集中"，贫困地带点、片共存。从贫困人口生存的地理条件来看，很多贫困人口居住在石山区、深山区、边远山区和高寒山区。数据表明，贵州省有50个国家扶贫开发工作重点县，其中36个分布在少数民族县，39个分布在石漠化地区。① 针对这种情况，需要从两个方面开展脱贫，才能真正去掉"穷根"。一方面，需要从提高贫困人口的劳动效率出发，使其从低产出、发展资源脆弱的地区，转移到高产出、发展资源相对丰富的地区；另一方面，则是需要将贫困人口从低生产效率的生产部门和领域，转移到生产效率相对较高的生产部门和领域中。在实践中，无论是生产地区的转移，还是生产部门和领域的转移，都需要结合起来统筹考虑。贵州省的办法是以整体性易地搬迁为抓手，这一做法在本质上是通过改变贫困人口的生产投入机制，提高其投入产出效率。

尽管易地搬迁涉及的人口数量大，任务重，工作多，后续配套工作繁杂，但易地搬迁的优势在于它能够从根本上改变贫困群众的恶劣生存、生产和生活条件，可以斩除"穷根"。贵州省不仅率先在全国作出了探索，而且还是全国易地搬迁脱贫的主战场。"十三五"期间，贵州省的易地搬迁任务约占全国搬迁人口的1/6，是全国之最，彻底改变了"一方水土养不起一方人"的贫困地区群众生存条件。其中，晴隆县三宝彝族乡整体搬迁入住阿妹戚托小镇，创造了全国整乡搬迁的奇迹。

---

① 叶青、苏海：《政策实践与资本重置：贵州易地扶贫搬迁的经验表达》，《中国农业大学学报》（社会科学版）2016年第5期。

（二）自然村寨整体搬迁为主，扶贫资源集中使用

打破零散性的移民搬迁模式，是贵州易地扶贫搬迁的特色。这一方面依据于贵州贫困人口的数量多和贫困人口集中；另一方面则得益于党和政府对贫困地区的政策扶持。中国的易地搬迁模式与以往模式具有本质的不同，而贵州的易地搬迁模式则与其他国内地区在主导模式上存在一定的差别。

易地扶贫搬迁的目的，不仅是搬迁，而且还要保证搬迁新址足以给贫困户提供发展的环境，使他们有持续致富能力和发展潜力。就具有社会意义而成为研究对象的人口概念而言，人口研究无非涉及人口的数量和质量两个方面的问题。[1] 因此人口的转移就不再仅仅是人口在数量意义上的转移，更重要的是人口在质量上的转移，即以劳动力（或潜在劳动力）的身份的转移。

移民生活圈的重建，与其生产、生活环境的重建密切相关。从历史经验来看，移民的进行使原有的社会联系不能成为有效的社会资源，进而也无法助力本地经济发展。迈克尔·M. 塞尼指出，移民会使他们原有的生产体系遭到破坏，许多工作机会、大量有价值的土地和其他创收性资产会丧失，亲属关系团体和非正式的社会互助网络被拆散。[2] 在脱贫攻坚中，搬迁是手段，脱贫才是目的。尽量使贫困人口保留原有生活圈子，整体性地融入新的经济活动，并提供较充分的就业，对易地扶贫搬迁农民来说才是合理而科学的选择。

贵州采用整村易地搬迁的方式，在很大程度上化解了新移民社会联

---

[1] [英] 亚历山大·莫里斯·卡尔-桑德斯：《人口问题：人类进化研究》，宁嘉风译，商务印书馆2016年版，第582—583页。

[2] [美] 迈克尔·M. 塞尼：《移民与发展：世界银行移民政策与经验研究》，水库移民经济研究中心编译，河海大学出版社1996年版，第86页。

系不足的困难。"十三五"期间，贵州全面完成192万人的易地扶贫搬迁任务，搬迁人口占全国易地扶贫搬迁人口总数的近1/5。① 贵州以自然村寨整体搬迁为主的脱贫方式，大大降低了搬迁工作中遇到的阻力。

整村易地搬迁增强了扶贫资金在使用上的规模效应，并带动了就业、降低了新社区基础设施的建设成本。与诸多易地扶贫搬迁地区相比，囿于经济、地理等因素的影响，困扰贵州省易地扶贫搬迁后农民最大的问题，主要还是原始积累不足、资源紧张、发展起步慢及其导致的经济贫困问题。然而，单纯劳务输出式的发展又会造成本地输血不足，人才外流和内生发展动力缺乏。整体性易地搬迁在一定程度上可以留住人才在本地发展，有效地化解了资源和人才外流导致的贫困循环困境。同时，也促进了贵州省对易地扶贫搬迁资金的集中化使用，提高了资金使用效率，极大地加快了贵州省贫困人口特别是边远县区贫困户的脱贫步伐。

(三) 着眼搬迁长期效应，阻断代际贫困

对搬迁人口集中安置，是贵州从省情出发作出的科学决策。由于自然条件的制约，贵州贫困人口的生活和生存条件总体上是恶劣的，居住的地区多偏远，通水、通路和通电的成本高，自然灾害频发，就地脱贫难度过大。从长远来看，如果不实施易地搬迁，很难彻底摆脱贫困。贵州省把握中央将实施易地扶贫搬迁作为打赢脱贫攻坚战的重大政策机遇，加快"挪穷窝"，以易地搬迁为契机带动城镇化，保证了搬迁工作的高标准、高效率进行。

贵州省实施易地搬迁脱贫的制度亮点，主要在于强调斩断"穷根"，注重阻断代际贫困。对迁入城镇的穷困群众，贵州省以社会保障兜底，加强产业扶持和就业支持。同时，注重建设良好的公共服务设

---

① 参见万秀斌、黄娴、苏滨：《搬进新生活　共同奔小康》，《人民日报（海外版）》2021年1月9日，第2版。

施，为搬迁群众提供良好充分的现代生活环境、就学就医条件，有效阻断了贫困的代际传递。

三、先行先试，发挥政府主导功能

易地搬迁脱贫是一项涉及因素多、难度大和具有高度系统性的综合性工程，实施效果取决于科学的规划和坚强的领导。贵州省主要发挥了政府在脱贫攻坚中的核心领导作用，工作独具特点。

（一）起步最早，试点先行，逐步推开

贵州省是全国实施易地搬迁措施最早的省份之一，也是系统性地探索地理条件恶劣贫困地区逐步减贫的试点地区之一。早在1997年，贵州省就利用原国家计划委员会以工代赈资助政策，通过合理运用1000万元以工代赈补助资金，选择紫云等4个县进行试点，探索了以工代赈移民搬迁的脱贫方案。试点过程中，重点针对生活在缺乏生存条件地区的贫困人口，选择和实施易地扶贫搬迁。由于试点效果得到国家有关部门的肯定，贵州省在2001年即被列为全国易地扶贫搬迁的试点省份，由此率先探索出与本地贫困人口脱贫要求相适应的易地扶贫搬迁模式，为全面开展易地扶贫搬迁奠定了基础。贵州省围绕易地搬迁探索的经验，初步解答了如何通过重建贫困户生产、生活条件，使其进入减贫发展的正向循环的历史难题，为进入脱贫攻坚阶段我国全面推行易地搬迁脱贫提供了宝贵的前期探索经验。

（二）率先出台政策，注重各类政策衔接

完善、配套和相互衔接的政策体系，是易地扶贫搬迁顺利进行的重

要保证。近年来,贵州省率先出台了《贵州省扶贫生态移民工程规划(2012—2020年)》、《贵州省人民政府关于深入推进新时期易地扶贫搬迁工作的实施意见》、《中共贵州省委 贵州省人民政府关于精准实施易地扶贫搬迁的若干政策意见》(黔党发〔2017〕6号)、《贵州省易地扶贫搬迁工作领导小组工作规则》、《贵州省生态扶贫移民就业工作实施方案》(黔人社厅通〔2013〕308号)、《贵州省进一步加大深度贫困地区易地扶贫搬迁力度实施方案的通知》(黔府办函〔2017〕179号)等政策文件。① 例如,针对易地扶贫搬迁中的资金难题,贵州省率先建立了省级统贷统还机制;针对易地扶贫搬迁群众的居住要求和财政在搬迁工程费用方面的实际承受力,贵州省在全国率先建立了严格的住房面积和成本控制制度,一方面保证贫困人口愿意搬迁、住得满意;另一方面杜绝易地扶贫搬迁中的资金浪费和资金滥用。针对各市、县不同情况和贫困群众的不同诉求,贵州省在实际工作中创新搬迁安置模式,充分激发基层的积极性和创造性。在易地扶贫搬迁项目建设方式的选择上,贵州省因地制宜,根据易地扶贫搬迁对象综合考虑项目投入、规模、进度、效果等各项因素,保证了时间进度和质量要求,也照顾了贫困群众的实际困难。

(三)严格制定易地搬迁补助标准和住房建设标准

在易地搬迁的对象和规模上,贵州省严格制定标准。被纳入易地搬迁对象的,主要是居住在"一方水土养不起一方人"地方的建档立卡贫困人口。在搬迁范围和规模上,贵州省明确指出,对贫困发生率在50%以上、50户以下的自然村寨,优先实施整体搬迁。针对被纳入易地搬迁的群众,统一制定搬迁补助标准。"十三五"期间,针对搬迁住

---

① 陈政:《脱贫攻坚的"贵州实践"和"省级样板"谈》,《贵州政协报》2019年1月11日,第A3版。

房建设,贵州省明确提出,实行差别化的补助和奖励政策。具体做法:凡建档立卡贫困人口,享受人均住房补助标准为2万元;易地搬迁中的非贫困人口,享受人均住房补助的标准为每人1.2万元。在奖励政策上,凡签订旧房拆除协议并按期拆除的,政策规定人均奖励1.5万元。另外,贵州省明确提出,对于鳏、寡、孤、独、残(无生活来源、无劳动能力、无法定抚养义务人的"三无"人员)等特困户,民政供养服务机构首先承担安置义务,如民政供养服务机构不能安置,则由政府根据家庭实际人口统一提供相应的安置房,免费居住,产权归政府所有。

在住房建设标准上,贵州省明确指出,"十三五"期间,凡进行城镇安置的搬迁人口,执行人均不超过20平方米标准;执行农村安置的搬迁人口,按人均不超过25平方米标准执行。在每户住房面积上,考虑群众需要,根据每户家庭的实际人口合理确定。总之,贵州易地搬迁的住房建设,以"保障基本"为首要原则,坚持避免出现贫困农户因搬迁负债而影响脱贫的现象。在搬迁和实施补助、建设住房的流程上,坚持公开透明、群众自愿和政府主导的方针。首先,由贫困户自愿申请搬迁,然后由易地扶贫搬迁项目主管部门或实施单位公示搬迁户名单,接受公开监督;其次,公示通过后,政府部门再将搬迁群众纳入年度实施计划,并相应地下达年度资金计划;最后,在项目启动后,由搬迁群众享受补助资金。办理流程的规范化和透明化,保证了易地搬迁补助和住房建设保障的公平性。

(四)科学编制规划,加强易地扶贫搬迁兜底保障

易地搬迁的成效,根本上取决于各类扶贫政策能否发挥综合性脱贫效果。在这方面,贵州省的主要做法是将易地搬迁相关的各类政策统一起来,从易地搬迁农户的短期保障、长期增收和未来发展出发,将土地政策、产业政策、就业政策、住房政策、户籍政策以及教育、医疗、卫

生和养老保险等社会保障政策统一起来，综合考虑并协调其关系。对于易地搬迁农户来说，兜底保障是基础，自我发展是目的。在兜底保障上，贵州省不仅采取各类措施促进搬迁农户就业和实现增收，保障搬迁贫困人口的"不愁吃、不愁穿"；还重视通过规划，优先在义务教育、基本医疗和住房安全方面作出统一安排，为搬迁贫困户提供保障。在搬迁人口的发展问题上，贵州省坚持统筹管理，注重提高搬迁人群的整体素质，增强其脱贫信心，增强自我发展、自力脱贫的能力。通过实施搬迁，贵州的搬迁贫困户一方面脱离了恶劣的自然环境和生活环境，改善了生产生活条件；另一方面，搬迁出来的群众增广了见识，确立了市场意识和发展意识。他们更加乐意外出打工和本地再就业，更加愿意接受实用技术培训，更有能力承受竞争压力，就业和发展机会大大增加，拓宽了增收渠道。

（五）构建"五个体系"，促进搬迁农户融入城镇

贵州省出台了系统化的易地扶贫搬迁后续扶持政策体系。2018年下半年，随着搬迁建设任务大头落地，贵州省准确把握工程移民内在规律和搬迁形势，全面开展易地扶贫搬迁后续扶持政策调研，于2019年2月研究制定了《中共贵州省委 贵州省人民政府关于加强和完善易地扶贫搬迁后续工作的意见》（黔党发〔2019〕8号）及7个配套文件，对全力构建"五个体系"作出制度性安排。"五个体系"从人口迁移和社会融合一般规律出发，对搬迁群众的政治、经济、社会和文化心理四个层次的融合作出了科学部署。一是构建基本公共服务体系，完善公共教育、医疗卫生、社会保障、社区服务等要素配套建设，实现基本公共服务均等化和标准化，促进搬迁群众社会融合；二是构建培训和就业服务体系，紧紧围绕搬迁群众生计方式非农化转变，强力推进搬迁劳动力全员培训，多举措促进就业创业，确保有劳动力家庭一人以上稳定就

业,促进搬迁群众经济融合;三是构建文化服务体系,促进社会交往和社会互动,增强社区归属感和身份认同感,促进搬迁群众的文化心理融合;四是构建社区治理体系,提高安置点社区法治化、科学化、精细化治理水平,促进搬迁群众政治融合;五是构建基层党建体系,把基层党组织打造成为安置点社区党的坚强战斗堡垒。扶持政策体系的完善,保证了脱贫工作的持续性,强化了"内部造血"功能,提高了贵州各地区依靠本地资源加快经济发展的能力,增强了贫困人口立足自身脱贫的信心。

(六)建立健全贫困退出机制,规范贫困人口退出标准和程序

为保证易地搬迁扶贫的真实效果,贵州省建立健全贫困退出机制。明确易地搬迁贫困村的确定方案,明确贫困人口退出的标准和程序,既防止数字脱贫等"被脱贫",又防止达到标准不愿退出等"该退不退",确保规范合理有序退出。在具体落实过程中,严格执行退出标准,严格规范工作流程,贫困人口退出实行民主评议,贫困村退出进行审核审查,退出结果公示公告,让群众参与评价,做到程序公开、数据准确、档案完整、结果公正。委托第三方对摘帽县和脱贫人口进行专项评估,重点抽选条件较差、基础薄弱的偏远地区,重点评估脱贫人口退出准确率、摘帽县贫困发生率、群众帮扶满意度,确保退出结果真实。根据《中共中央 国务院关于打赢脱贫攻坚战三年行动的指导意见》和《国务院办公厅关于开展国家脱贫攻坚普查的通知》(国办发〔2020〕7号)要求,严格按照《国家脱贫攻坚普查全面质量管理办法》和《国家脱贫攻坚普查工作方案》的标准,高质量完成国家脱贫攻坚普查,全面准确摸清贫困人口脱贫实现情况。

四、立足土地公有属性,发挥集体经济龙头作用

从贵州农村贫困人口的生产生活条件及其自然环境条件出发,推动整体易地搬迁,是将贫困人口短期利益与长远利益结合的扶贫模式,是以社会主义经济制度为依托,具有鲜明中国特色的扶贫模式。这一模式,根本的基础在于我国社会主义经济制度下农村土地的集体所有权性质。

(一) 以土地规划带动移民安置,发挥土地集体所有制优势

在脱贫攻坚中,贵州是全国易地搬迁人口最多的省。贵州易地搬迁扶贫工作涉及区域最广,搬迁规模最大,易地搬迁任务最重,要在短短几年内完成历史上从未有过的人口迁移,工作难度之大是前所未有的。就当前我国搬迁社区的生成而言,主要是有两个路径:(1)拆小并大,将多个自然村或行政村合并为中心村镇、集中社区;(2)政府按照城乡一体化要求把农民集中到城镇居住或新建的农民集中社区居住。[1] 如果没有农村土地的集体所有制和中国城镇土地的公有制性质,这一工程就不可能顺利推进。

《全国"十三五"易地扶贫搬迁规划》在部署易地扶贫搬迁的选址时指出:符合当地土地利用总体规划、城乡土地利用规划等要求,尽量利用存量建设用地、荒山和薄地,严禁占用基本农田。规避滑坡、泥石流、地质断裂带等自然灾害隐患点,地势相对平坦开阔,满足环境承载力要求,有安全可靠的水源保障。交通较为便利、基础设施和公共服务设施较为完善、产业发展具有一定基础的中心村、小城镇、产业聚集园

---

[1] 参见孔德斌、刘祖云:《社区与村民:一种理解乡村治理的新框架》,《农业经济问题》2013年第3期。

区等地区。旅游景点、历史遗迹、革命遗址、民俗文化等特色资源优势突出、开发利用潜力较大的地区。按照这一要求,无论是满足环境承载要求、规避风险地点,还是将人员安置集中在交通便利地、有产业基础区域或者是开发潜力大的地区,均涉及整个地区的土地规划,同时涉及与迁入地区的利益关系。

土地规划涉及土地指标的增减,贵州省立足农村土地的集体所有制,通过科学的土地规划化解了上述难题。中国农村集体土地所有制和城镇土地的公有属性,一方面能够使贫困人口从原有生产和生活的地方,有组织地搬迁出来;另一方面,则能够有序地迁移进入相关城镇和地区里面去。贵州省立足我国农村土地的集体所有权优势,推动了易地搬迁式的整体性脱贫。

(二) 以集体土地为基础,理顺搬迁过程中利益关系

在易地扶贫搬迁过程中,以农村土地集体所有制为基础,协调、处理好搬迁过程中的利益关系,是贵州省开展易地扶贫搬迁的重要经验。贵州省以自然村寨整体搬迁为主的易地搬迁模式,充分发挥了农村土地集体所有制的优点和长处。就整村搬迁的村民来说,人民公社解体后,村民小组仍然是农民最基本的集体,土地承包权大都是在村民组内分享和调整。但相对外部来说,利益上仍然存在着排他性。如果没有城镇土地的公有制性质,没有我国社会主义经济制度中作为基础的农村土地集体所有制这个优势,扶贫搬迁中的矛盾是很难解决的。毕竟从总体上说,人多地少的矛盾是中国经济发展特别是农村经济发展中始终面临的老问题,对贵州来说更是制约农村地区贫困人口脱贫的核心问题,这种人地关系资源禀赋"不是一个可以仅凭理论建构来排除的因素"。① 不

---

① [美] 黄宗智:《中国的隐性农业革命(1980—2010)——一个历史和比较的视野》,《开放时代》2016 年第 2 期。

第五章 突出易地搬迁工作重点，推进整村脱贫

过，在村镇安置的方式下，自然村寨的整体易地扶贫搬迁，从内部来看本身并不会造成土地等自然资源的转移，影响的或者说发生转移的，只能是自然资源的所有权和承包经营权。在村寨易地扶贫搬迁中，行政村内就近安置的方式并不改变集体土地所有制的权属，村委会的权利可以得到根本的保证。而搬迁户由于搬迁到新的安置点，其承包经营耕地的所有权和土地承包经营权则会在村民组层面有所改变。但从土地承包经营权角度来看，这种变化并未对其他村民的土地权利造成影响。这也是贵州省以自然村寨整体搬迁为主的易地搬迁模式之所以取得巨大突破和成功的关键。

贵州省易地搬迁模式还充分考虑了贫困户的切身利益及其生产生活的相对稳定性。从中国农村土地制度来看，中国"当前实施承包责任制的农村土地制度，是村集体所有、农户使用而且使用权比较稳定的土地制度"。[①] 贵州省在易地搬迁中充分考虑这一现实，即坚持按照国家关于土地所有制度的相关文件规定，重新划分和界定土地的集体所有权属，化解其中可能存在的争议。在具体实践中，贫困农户在易地搬迁失去的主要是宅基地，贵州省通过住房和社区重建、搬迁补助及搬迁奖励的方式给予补偿。然而对其他自然资源，贵州各地区则采取不同形式积极盘活，充分保护贫困户权益，对搬迁中出现的自然资源丧失部分，则主要通过搬迁土地置换，即迁移后获得新的自然资源的方式加以弥补，这大大调动了贫困农户搬迁的积极性。

（三）盘活农村集体经营性资产，带动贫困户脱贫

盘活农村集体经营性资产，是贵州省易地搬迁工作的重要一环。盘活农村集体经营性资产，使易地搬迁出来的土地通过入股等方式，增加

---

① 贺雪峰：《新乡土中国》（修订版），北京大学出版社2013年版，第272页。

其收入，带动了贫困农户的脱贫。

在易地搬迁中盘活农村集体经营性资产，贵州省采取了一系列针对性措施。首先，明确权属，积极清产核资。农村集体资产不仅包括资金，还包括资源性资产、非经营性资产等。贵州省在盘活农村集体经营性资产，始终强调"还权赋能"，同时，还积极清理债权债务。其次，重视集体经营资产的脱贫致富作用。在易地搬迁中涉及利益关系最大的，不仅有农户的农用地，还有集体土地，特别是山林土地。贵州省通过这些山林用地在搬迁后的析出和使用，壮大集体经济，带动农户增收。再次，在易地搬迁过程中，抓好集体成员的界定。对于集体成员的界定，贵州省各地坚持了一个重要标准，即"户籍在村"，同时对于搬迁的贫困人群，贵州省还重视集体经济生产资料的保障作用，通过村民评议、村委会讨论、集体决策等多种形式，明确权益的保留、延续和调整，明确易地搬迁过程中涉及的集体经济成员相关权益。贵州省还积极推动农村集体经营性资产的折股量化，设置个人股、集体股、优先股等，赋予搬迁农户对集体资产股份享有占有、收益等权能。最后，在易地搬迁过程中重视集体经济的积累和发展，积极赋予集体经济各项权能，通过股份合作规范集体经营性资产运营管理，促进保值增值，带动贫困农户增收脱贫。

五、坚持效率标准，推动科学选址和集中安置

在扶贫搬迁的集中安置中，选择搬迁地址是一个复杂问题。贫困人口从生产和生活的高成本地区有序转移到低成本地区，减轻贫困人口的生产压力和生活负担，是摆脱贫困的一个重要渠道。从上述原则出发，贵州省委、省政府立足贵州特定地区特殊困难群体的长远利益和需要，对贫困人口在易地搬迁时进行城镇化集中安置，显然是一个具有创新性

的脱贫扶贫模式。

鉴于市场经济下的贫困农户就业竞争能力一般较弱,搬迁时若分散安置,不仅会导致成本过高,而且在脱贫方面的作用相对有限。如果依托产业进行集中安置,辅之以区域调整式安置,综合成本相对要低得多。这是因为,集中化安置不仅会带来土地增值,而且有利于向现代经济转型,因而更易于助力贫困户脱贫。在实践中,利用具有一定区位优势的城镇土地并结合发展规划,将人口承载容量、经济要素聚集功能和创业就业机会等诸多因素综合起来,作为安置选择的标准,更有利于完成搬迁并实现尽快脱贫。因此,搬迁中选择新址的一个较好办法,是将贫困户集体搬迁到城市中,形成某一社区,这样做的优点在于搬迁户的生存状态可以维持较好的可持续性,帮助其缓解对新环境的不适应,在社区安置中化解其紧张情绪和可能存在的冲突,进而可以调动搬迁人群的积极性。① 更重要的是,贫困人口从农村向村镇的转移,实际上意味着他们更多的是从农业部门向工业和服务业部门的转移,这有助于提高劳动生产效率,并带来更多的收入,改善生活条件和提高生活水平。在安置点的设立和建设方面,贵州省的经验主要体现在以下五个方面。

(一) 注重统一推进,以县为单位集中建设

贵州省在脱贫搬迁人口的安置上,数量全国最多,而且对其后续的社会管理也探索较早。贵州省在这一方面的鲜明特色是坚持以县为主体责任单位,即以县为单位,对扶贫搬迁人口进行集中建设和管理。考虑城镇化的集中安置规模,涉及人口数量多、流程环节复杂、搬迁工程量大、建设任务重等特点,贵州省从 2017 年起就明确了集中性原则,即所有安置点均由县级政府集中建设和管理,安置工程实行项目法人县级

---

① 参见吴新叶、牛晨光:《易地扶贫搬迁安置社区的紧张与化解》,《华南农业大学学报》(社会科学版) 2018 年第 2 期。

负责制，并明确提出安置点建设由县（市、区）党政的一把手直接主抓、包保，从体制、方案和管理等诸多方面，确保了安置点建设的进度、速度和质量。

（二）面向贫困群体实际需求，以自愿为原则

在易地搬迁中，贵州省高度重视群众的主动性与参与性，建立调查、追踪、统计、分类等制度，通过各种方式了解贫困群众的实际需求，激发贫困户主动参与扶贫开发全过程的积极性。贵州省区分了不同贫困地区的实际发展情况，以搬迁对象需求为导向，坚持以就业和搬迁对象增收为核心，形成了多样化的安置方式，将贫困自然村寨的整体搬迁、特殊区域人群的整体搬迁与分散安置贫困人口的稳步搬迁有机结合起来，系统评估安置点的承载能力，注重解决就业、就学、就医等贫困群体格外关注的问题。在搬迁过程中，以自愿为原则，注重分析不同扶贫搬迁对象家庭结构和经济能力的差异，重视民众话语权的表达，扩大贫困人口搬迁的选择权益，并通过技术培训与产业发展等方式，提升贫困群体的内生动力。

（三）强调整体协同，实施同步规划

贵州省要求安置点的建设以"规模适宜、功能合理、经济安全、环境整洁、宜居宜业"为原则，将公共设施和配套设施与安置点建设同步，在整体上节约了搬迁建设成本，增强了搬迁人口发展的后劲。贵州省这一做法的特点是不搞添油战术，重视形成合力。在同步规划建设的内容上，不仅对住房及水、电、道路、通信等进行高标准建设，对周边的商业网点、集贸市场、便民超市等生活服务设施也认真规划和建设，还同步规划和建设搬迁户融入新环境所必需的教育、卫生等配套设施。

此外，针对新居民需要，对文化等基本公共服务设施也加强配套建设。随机入户调查结果显示，群众对搬迁政策、配套基础设施及公共服务设施、住房和就业脱贫措施的满意度达97%以上。这种安置模式，大大加快了人力资源向城镇的流动和集中，也为贵州省的县域经济发展提供了新动力。

（四）精准选择安置点，规范安置区布局

在搬迁安置中，贵州省近年来始终坚持城镇化为主导、移民发展为目标的大方向，以县城、旅游服务区、产业园区为主，在安置点布局上以方便群众、带动搬迁户就业和促进贫困人群增收为主要出发点，重视规模和布局、生活和生产的协调统一。

以雷山县为例，该县在集中安置过程中，创新了集中安置的方式方法。雷山县易地扶贫搬迁的重要安置区——观音阁社区由牛王寨安置点和小河沟安置点组成，位于县城西区，其中牛王寨安置点占地面积128亩，楼房建有35栋，88个单元，安置房970套，入住970户4486人。商铺4490.72平方米（其中门面206个、地下室97个）。小河沟安置点占地面积68亩，楼房建有17栋，安置房407套，入住407户1076人。对观音阁社区的规划和建设，该县坚持按照"两不愁、三保障"的目标要求，遵循"群众自愿，集中安置"的原则，将搬迁安置房的建筑风貌当作景区打造，建筑风格充分浓缩苗族文化元素，配套芦笙场、长廊等文化设施，保证了社区建设中现代性和民族性的结合。该县由于安置区建设规模大、起点高，取得了较好的效果。

（五）推进资本置换，依托小城镇集中安置

在易地搬迁中，贵州省坚持以项目带动，围绕小城镇或乡镇构建市场，重点扶持和引导市场意识强、有经营头脑的贫困户迁入小城镇或乡镇所在地，促进这些贫困户逐步转移到第二三产业，拓宽了易地搬迁的路子。在市场项目建设方案的引导下，贵州省在实践中探索出以资本置换为基础，调整产业资源投入结构的安置模式。例如，黔南布依族苗族自治州惠水县断杉镇、羡塘镇，平塘县大塘镇，龙里县羊场镇；黔东南苗族侗族自治州三都水族自治县三合街道、普安镇交梨行政村；铜仁市石阡县五德镇，思南县东华乡等安置点，都采用了这一安置方式。① 这种安置方式的优点在于基层乡政府可以根据脱贫和发展的需要，对乡镇规划土地及集贸市场周围土地进行统一征用，以工代赈用于基础设施建设的资金，启动道路和市场建设。搬迁人口则依托市场安置，以便利用市场的辐射功能发展第二三产业。同时，也可以调整邻近村组"剩余"土地，帮助其继续从事农业生产。

六、分层分类规划，创新搬迁农户安置就业形式

贵州提出"以产定搬、以岗定搬"，把产业配套和城镇就业作为搬迁的前提条件和关键措施来抓。2016年，贵州省就提出必须根据安置地产业吸纳能力和就业岗位确定搬迁规模，实行以产定搬、以岗定搬，确保搬迁一户脱贫一户。这一做法2018年8月上升为国家政策，《中共中央 国务院关于打赢脱贫攻坚战三年行动的指导意见》中明确提出："按照以岗定搬、以业定迁原则，加强后续产业发展和转移就业工作，确保贫困搬迁家庭至少1个劳动力实现稳定就业。"② 易地扶贫搬迁在实践中，不同地区面临着不同的情况。既要做到"搬得出、住得下"，

---

① 参见李双成：《贵州易地扶贫搬迁实现发展与生态双赢》，《当代贵州》2020年第3期。
② 《中共中央 国务院关于打赢脱贫攻坚战三年行动的指导意见》，中华人民共和国中央人民政府网站2018年8月19日，http://www.gov.cn/zhengce/2018-08/19/content_5314959.htm，最后访问时间：2022年3月16日。

第五章 突出易地搬迁工作重点，推进整村脱贫

又要能够使搬迁户"稳得住、能发展"。面对这种复杂局面，贵州省围绕"以产定搬、以岗定搬"，总结并实行了与自身特点符合的易地扶贫搬迁安置形式。

（一）做好精准扶贫识别工作，为移民安置就业奠定基础

贵州贫困人群成因复杂，成片的贫困区与点状的贫困区共存。对于后者，既要考虑搬迁，又要重视识别，采取有效的针对措施。习近平总书记指出："现在的贫困问题不是块状贫困，而是星星点点的点状贫困，这要求我们扶贫工作观念要明晰，定位要准确，要做到因地制宜'真扶贫，扶真贫'。"[1] 在精准识贫的问题上，贵州省根据自身实际，确立了政府主导、大规模摸底排查、建档立卡确定扶贫对象的工作方法，并探索出贫困户主动申请、村民民主评议、集中公示确认等相应程序确定扶贫对象的工程程序。2015年6月，习近平总书记在视察贵州花茂村期间提出贵州省守住生态与发展的脱贫突破点，并阐述了"六个精准"的精准扶贫理论精髓。[2] 这正是对贵州省认真践行"真扶贫，扶真贫"、精准识别扶贫对象工作方法的一个肯定。

在精准识别扶贫对象的基础上，优先确定易地搬迁农户，是贵州省在实践中探索出来的高效工作做法。首先，组织全省广大基层干部进村入户，对照贫困户识别程序和标准逐一排查，摸清贫困人口分布、致贫原因、脱贫需求等情况，建档立卡，严格管理。其中，江口县在这方面率先作出了创新，是全国精准扶贫建档立卡发源地。其次，在易地扶贫搬迁中，贵州省优先考虑迁移那些生产生活条件恶劣、无法通过自身努

---

[1] 中央农村工作领导小组办公室、浙江省农业和农村工作办公室：《习近平总书记"三农"思想在浙江的形成与实践》，《求是》2018年第5期。

[2] 《新目标 新理念——学习党的十八届五中全会精神》，《宏观经济管理》2015年第11期。

力发展的贫困户，也考虑那些就地扶贫难以解决温饱地方的特困农户，帮助建档立卡贫困户提高搬迁意愿，同意搬迁。在此基础上，再逐步安排地理较好地区、但自身因各种原因难以脱贫的贫困户，对其进行统筹安排。再次，贵州省还加强贫困人口特别是易地搬迁农户的跟踪管理和动态管理，多次开展精准识别"回头看"。在这一过程中，重点是要剔除识别不准人口，补录新识别贫困人口，并系统化、常态化地开展部门数据信息比对，使识别精准率不断提高。最后，对易地搬迁对象根据精准识别中的结果和各地、市实际情况，对搬迁对象实施差异化补助，灵活掌握和运用扶贫脱贫政策。

此外，贵州省还在全国率先建成扶贫工作专项系统"贵州扶贫云"，汇聚融合各有关行业部门数据，实时全面掌握贫困人口"一达标、两不愁、三保障"等情况，动态监测分析各类帮扶措施实施效果，推动脱贫攻坚工作更加信息化、高效化、精准化。威宁县迤那镇在实践中探索总结出"一看房、二看粮、三看劳动力强不强、四看家中有没有读书郎"的"四看法"，得到习近平总书记的充分肯定。这些基础性工作，有力地推动了精准识别和精准帮扶工作。

（二）发挥国有（集体）农场作用，促进贫困户就业

国有农场和集体农场是中国农村经济的重要组成部分，也是发挥社会主义市场经济优势性的重要载体。贵州省近年来高度重视利用国有和集体农场助力脱贫搬迁安置。在这种方式下，可以运用以工代赈资金，用于建设搬迁所需要提供的住房，并配套建设道路、水、电等设施。搬迁户则可以通过承包国有（集体）农场的茶园、果园、林场等解决生计问题，增加收入，逐步脱贫。同时，迁移户的迁入，也可以缓解农场劳动力的短缺，在农场和搬迁农户的"双赢"中带动脱贫工作。

第五章 突出易地搬迁工作重点，推进整村脱贫

（三）依托企业，带动贫困户就业

工矿企业和龙头企业与城镇一样，具有辐射作用。企业的发展需要依靠农村劳动力的补充，同时，也需要支撑贫困地区企业不断发展壮大的地理和市场空间。在政策和资金的支持下，搬迁过程中涉及的农村劳动力可以通过企业来带动安置。贵州省近年来积极以以工代赈形式发挥易地扶贫搬迁资金的作用，在建立移民新村时，围绕工矿企业和龙头企业做文章，在其附近设置点。在这种方式下，搬迁农户更容易获得到工矿企业、龙头企业上班的机会，或者可以在其附近从事服务业，增加个人和家庭收入。采用这一安置模式的地区，如黔西南布依族苗族自治州的望谟县、黔南布依族苗族自治州的龙里县等，实施易地扶贫搬迁工作收到了良好的扶贫开发效果。[①] 这种安置方式，同样可以极大改善移民居住环境和居住条件，并形成新的生活环境，在就业、就医、社区活动、子女入学等方面提升生活品质，享受城镇的社区文化生活。

（四）依托中心村和产业园就业

易地扶贫搬迁的城镇安置，主要以交通发达、商贸活跃的县城为依托，建设或者采购适量的保障房与商品房，配套建设一个门面或摊位，通过发展服务业，引导移民尽快适应城镇化的生存方式。产业园区安置则依托工业园区、农业园区，根据园区用工需求确定搬迁安置规模，推动园区的技术创新体系建设，推进产学研相结合，拓宽贫困群体的资本来源。与城镇安置不同，在集中安置中，中心村也在推动就业上有一定作用。贵州省易地扶贫搬迁中心村人员的就业方式，主要依托交通便利

---

① 参见王永平等：《贵州易地扶贫搬迁安置模式的探索与实践》，《生态经济》（学术版）2008年第1期。

的农民新村,引导群众依托既有承包地从事生产经营,就近集中安置。把建设小康房与加强文化广场、活动中心、公共厕所、便民超市、农村淘宝店、电子金融网点等配套公共服务设施建设有机结合起来,同时,推进畜牧、蔬菜、茶叶等特色优势产业基地建设,发挥移民安置点的自然景观、民俗风情等资源禀赋,培育"一村一景"等旅游精品,帮助移民充分就业。

第六章

发挥各类资源优势,形成脱贫合力

第六章
发挥各类资源优势，形成脱贫合力

脱贫攻坚是一项系统性工程，在经济资源约束紧张、发展相对落后的地区更是如此。从具体情况出发，集中资源重点攻克特定地区和特定人群的脱贫问题，是脱贫攻坚的方法论。在一定意义上来说，脱贫扶贫的推进需要一个初始动力，这个动力需要通过扶贫资源的集中投放来提供。扶贫资源在一定时期内是相对固定的，其投放方向、投放方式和投放规模的组合，会直接影响扶贫资源在实践中所发挥的作用。因此，针对不同的贫困群众，采取不同的有针对性的方法，是现实的必然要求，也是提高扶贫脱贫工作效率的保证。在具体实践中，贵州省坚持从实际出发，将易地搬迁扶贫、生态补偿扶贫、产业发展扶贫等结合起来，走出了一条具有鲜明特色的脱贫攻坚"贵州新路"。

一、立足生态红利，推进生态扶贫脱贫

生态扶贫是贵州省根据自身地理条件和自然环境，从绿色、健康和可持续发展的理念出发，针对扶贫脱贫工作开展的一项长远性工程。2013年开展建档立卡工作以来，贵州省加大了生态补偿扶贫。2015年6月，习近平总书记视察贵州省时就提出，贵州省要守住发展和生态两条底线，加快发展经济，争取同全国一起全面建成小康社会。

（一）生态移民和生态开发并重，促进生态扶贫

生态扶贫的核心在于利用和开发好生态资源，通过生态资源效益的提升为贫困户的脱贫谋取全局性利益。在生态扶贫和脱贫工作中，生态保护是基础，生态开发是目标，生态移民是手段。从长期来看，生态移

民的重要意义在于它可以通过集中搬迁,为集中开发生态资源创造条件,提高集中产出效率。① 从短期来看,通过生态移民,可以让贫困农户的生产、生活条件得到根本的改善。生态移民和生态开发的结合,在贵州主要体现在四个方面。

一是重视生态移民的综合效果。一般来说,搬迁可以减轻迁出地资源环境压力,这有利于迁出地生态环境的保护和恢复,遏制石漠化趋势和水土流失现象,使人口、资源和环境更加协调。生态移民的效果体现在生态层面,主要是促进国土空间管制的进一步优化,促进空间生态的恢复和修复,以此来统筹生态保护、永久基本农田和城镇开发工作,确保这三条边界"红线"不被突破。更为重要的是,生态移民的推进,可以极大地提高村社管理的效率,降低农村公共服务的成本,提高农村居民享有的公共服务水平。实践表明,易地扶贫搬迁大大缓解了土地人口压力,贫困地区可以利用坝区、区位条件好的优质耕地,开展土地流转和适度集中经营工作,加快了农村产业结构的调整。这也有利于贫困地区发展经济效益高的山地特色农业,促进了农民增收。②

二是重视移民的生态环境重建。移民安置的地理环境对贫困人群的适应性和脱困能力有重要影响。安置地优越,可以帮助贫困群体获得和使用更多的外部资源,快速积累生计资本,增强家庭生计的适应性,实现收入来源的多样化。③ 在移民安置的地理环境问题上,贵州省按照有利于城镇化、有利于移民生存发展的原则,将县城、集镇、旅游服务区、中心村、有就业岗位的产业园区作为扶贫安置的主要区域,大力发展迁入地的现代农业、工业和服务业,逐步摆脱了传统仅靠农业生产积

---

① 参见徐锡广、申鹏:《易地扶贫搬迁移民的可持续性生计研究——基于贵州省的调查分析》,《贵州财经大学学报》2018 年第 1 期。
② 参见李双成:《贵州易地扶贫搬迁实现发展与生态双赢》,《当代贵州》2020 年第 3 期。
③ 参见李聪等:《移民搬迁对农户生计策略的影响——基于陕南安康地区的调查》,《中国农村观察》2013 年第 6 期。

累生计资本的单一方式。易地扶贫搬迁腾退出来的地理空间，如移民迁出区的林权、土地承包权等，均可以转换为资产，为迁移农户带来相应的资产收益。移民迁出本身，则可以为重新配置稀缺的自然资源创造条件，从而同步实现移民增收和生态恢复。

三是促进生态退耕和生态涵养，节约生态保护投入。近年来，贵州省以经济效益和生态效益的双重视角看待扶贫工作，共实施整村搬迁10,090个，使迁出地的生态环境得到了休养生息的机会。在这一过程中，由于节约了大量的基础设施建设投入。居住在生存条件恶劣、生态环境脆弱地区的居民，一方面土地生产率低，生计难以保障；另一方面为了维持生计进行土地垦殖等生产活动，这对生态环境构成巨大压力，造成水源涵养、水源净化、土壤保持和碳汇等生态系统调节服务降低。实施易地扶贫搬迁后，除一部分区位和生产条件好的耕地和农村居民点用地继续保留和整治复垦外，大部分土地都可以生态退耕，为"山水林田湖草"生命共同体修复提供了土地资源保障。按人均耕地1.5亩和人均农村居民点建设面积140平方米计算，理论上可以获得340万亩的产业和生态恢复用地。除此之外，易地扶贫搬迁后原住民对于当地生态系统的扰动也随之消失，有利于实现青山绿水的优良生态环境。①

四是加强垦荒安置，鼓励移民开垦荒地。在严重缺乏生存条件的生态移民安置中，贵州坚持"放水养鱼"政策，用垦荒地安置方式，促进移民的经济自立，促进生态的治理。在这方面，贵州省探索出来的经验做法是：在条件适合的地区，实施耕地占补平衡，有计划地开垦一部分农荒地，在开垦这部分耕地的基础上集中安置部分搬迁农户。此外还有一种办法，则是由乡村划拨宜农荒地，移民项目适当补助给搬迁户开垦耕地用以安置部分搬迁农户。黔南布依族苗族自治州惠水县太阳乡凤

---

① 参见李双成：《贵州易地扶贫搬迁实现发展与生态双赢》，《当代贵州》2020年第3期。

皇新村安置点，毕节市威宁县云贵乡安置点、海拉乡安置点、雪山镇安置点等，分别采取了这一农垦安置模式。极贫户通过搬迁，当年就实现了粮食自给。①

(二) 发展林下经济，促进生态就业

贵州是生态大省，林业经济大省，生态保护、林下经济发展与脱贫工作息息相关。在这方面，贵州省采取了多管齐下的方法，既通过林业经济发展促进农户增收和带动脱贫，又通过平衡林业特色经济和林下经济产业的发展保护好生态环境，还围绕生态保护促进就业，化解地区长远发展目标约束和短期就业压力的矛盾。在脱贫攻坚工作中，贵州省近年来因地制宜大力发展林特产业，积极规划和扶持林下经济的发展，使林特产业和林下经济规模大幅增长，带动经济规模和就业大幅增加，解决了生态保护下如何增产增收、助力脱贫的问题。其中，全省特色林业产业产值达到160亿元，共带动72.5万名群众增收，其中贫困人口53万人。全省林下经济发展面积达到2203万亩，产值400亿元，带动285万名群众增收，其中贫困人口86万人。

健全和完善生态保护岗位的就业，是贵州开展生态扶贫的一条重要经验。在脱贫攻坚中，贵州省创新工作思路和方法，立足"一方人保一方水土"的理念，科学测算和合理设置生态保护岗位，积极选聘贫困群众参与森林资源管护。这些有效做法，使贫困农户能够得到由政府提供的稳定就业岗位，实现在家门口就业、在家门口增收、在家门口脱贫。脱贫攻坚以来，贵州全省共有18.28万名建档立卡贫困劳动力转变为生态护林员，贫困人口转生态护林员的人员总数列全国第一，共带动了54万名贫困人口的脱贫，打造了我国生态脱贫的一道亮丽风景。

---

① 参见王永平等：《贵州易地扶贫搬迁安置模式的探索与实践》，《生态经济》（学术版）2008年第1期。

第六章 发挥各类资源优势，形成脱贫合力

（三）开展生态补偿，带动贫困人口脱贫

生态资源丰富、生态环境良好、生态优势明显，是贵州省的突出特点和发展特色。一般来说，在工业化初期，生态环境保护和生态环境修复容易被忽略。但随着中国工业化建设的完成和逐步向后工业化过渡，这一优势逐步体现出来，这就为贵州省以生态为依托带动扶贫脱贫创造了有利的历史条件。习近平总书记提出"绿水青山就是金山银山"的科学论断，深刻分析经济发展与生态环境的互动演进过程，深刻揭示经济社会发展的基本规律，深刻把握发展经济与保护环境的辩证关系。

在脱贫攻坚中，贵州省积极践行了习近平总书记提出的绿色发展理念。近年来，贵州省将"绿水青山就是金山银山"的发展理念融入扶贫开发实践中，大力发展"绿色GDP"，积极扩大贫困地区生态效益，多方面增加贫困人口"绿色收入"，充分发挥"绿水青山"在扶贫开发工作中的生态价值、经济价值和社会价值，走出了一条绿色发展、绿色脱贫的新路子。

一是坚持生态补偿政策，带动贫困人口脱贫。生态扶贫的首要目标是保护生态，解决农村日益突出的资源和环境问题。贵州的做法是通过生态补偿脱贫带动贫困人口脱贫，使贵州省经济发展与生态保护相统一。在生态环境脆弱、承载过重、良好生态遭破坏的地区，贵州省选择生态补偿脱贫带动贫困人口脱贫。近年来，贵州省先后实施了国土绿化、退耕还林等十大林业扶贫工程，通过雇用贫困户参与林业工程、培训退耕农户转业、发展林下经济、林业补助和森林旅游等方式，林业扶贫带动贫困人口脱贫。[①] 在脱贫攻坚中，全省共有47万户退耕贫困农户获得退耕还林补助，户均获得退耕还林补助5600余元。

---

① 参见杨爱君、刘玄玄：《精准扶贫理念下贵州省生态脱贫的实践》，《经营与管理》2019年第5期。

二是重视生态功能区作用，财政转移支付资金向生态功能区倾斜。重点生态功能区等转移支付向深度贫困地区倾斜。均衡性转移支付中的深度贫困因素根据贵州14个深度贫困县、20个极度贫困乡（镇）和2760个深度贫困村的贫困人口数给予补助，安排补助资金5亿元。仅2018年，重点生态功能区的增量资金就从1.5亿元增加到2亿元，全力支持14个深度贫困县、20个极度贫困乡（镇）和2760个深度贫困村脱贫攻坚。①

三是实行生态补偿改革试点。通过优先在贫困地区加快深化生态综合补偿试点改革，利用生态补偿和生态保护工程资金，使所有退耕人家获得收益。除此之外，赋予当地有劳动能力的贫困人口承担护林职能，就地转成生态保护人员，提高"造血"机能，避免农村贫困群众承受贫困和生态恶化的双重压力。

四是发展林业经济，促进林业扶贫。生态扶贫是扶贫脱贫和生态文明建设的有机结合。生态扶贫既可以实现水土保持，又能够改善生态环境。围绕生态扶贫，贵州省在脱贫攻坚中注重发展林业经济，人退林进，让贫困人口从林业发展中获益，从改善当地业态中获益。数据表明，截至2018年11月，贵州省实施工程造林共计2896万亩，累计财政投资达405亿元。在一些重点贫困地区，如六盘水市、毕节市、黔南布依族苗族自治州和黔东南苗族侗族自治州等，累计实施退耕还林707万亩，工程总投资达110亿元。在工程造林和退耕还林的过程中，贵州省还同步设置生态护林员岗位6万个，直接带动增收脱贫的人数达25万人。② 这样，不仅加强了林业管理，使林业成为生态经济的重要基础，还使林业成为扶贫脱贫的就业安置支点。

---

① 参见李杰：《完善"制度+科技+创新"扶贫资金管理研究——基于贵州的实践与探索》，《财政监督》2019年第11期。

② 《贵州实施十大林业扶贫工程助推脱贫攻坚》，新华网2018年11月15日，http://www.xinhuanet.com/politics/2008-11/15/c_1123720045.htm，最后访问时间：2022年3月24日。

第六章 发挥各类资源优势，形成脱贫合力

（四）依托生态资源，开展旅游脱贫

贵州省地理条件独特，旅游资源丰富，在中国产业结构日益升级、不断向后工业化过渡和追求高质量发展的大背景下，发展旅游业，发挥其在扶贫脱贫中的作用，是战略性的决策和选择。贵州省努力促使扶贫向更高层面的生态产业扶贫发展，取得了显著成效。2018年，在全国脱贫攻坚成效考核中成为综合评价好的10个省区之一。①

贵州省自然资源优势得天独厚，有"国家公园省"之誉。早在20世纪80年代末，贵州省就率先在全国提出"旅游扶贫"，将产业与脱贫相融合，并选出安顺布依石头寨、黔东南西江苗寨等地作为乡村旅游扶贫试点。② 由于旅游产业的发展，上述试点地区已经顺利实现脱贫，走出一条有别于东部、不同于西部其他省份的"贵式"特色发展新道路。旅游产业是被实践证明的高效"造血"扶贫方式。在开掘旅游资源、助力脱贫攻坚方面，贵州省探索了具有自身特点的做法。

一是精准识别贫困户，精准安排扶贫项目。作为环境优美、独具特色的生态区和民族地区，贵州省根据致贫原因和实际需求精准安排项目，对有意愿的创业者支持其投资，安排他们经营饭店、旅游纪念品或特产商店；对有意愿就业的人员进行培训，提供岗位在旅游区从事管理或卫生工作。③ 旅游资源的开发带动了当地农户的转移就业，更带动了贫困户的增收和脱贫。例如，赤水市从2014年开始，大力发展高山避暑、休闲度假、康体疗养等旅游新业态。经过3年的努力，2016年赤

---

① 参见王兴骥主编：《贵州社会发展报告（2019）》，社会科学文献出版社2019年版，第26页。
② 参见罗忠青、刘坤新：《旅游扶贫视角下的贵州易地扶贫搬迁后扶产业探析》，《智库时代》2019年第36期。
③ 参见杨爱君、刘玄玄：《精准扶贫理念下贵州省生态脱贫的实践》，《经营与管理》2019年第5期。

水市将建档立卡贫困户从9369户28,000人减少到6609人,贫困发生率下降至2.72%,农村居民人均可支配收入达10,140元。2017年赤水市申请退出贫困县,成为贵州省首个脱贫摘帽贫困县。①

二是加强宣传和扩大市场影响,加强与帮扶城市的旅游业对接。为此,贵州省一方面加大对旅游产业的投入,特别是吸引帮扶城市对贵州省旅游基础设施的投入,带动旅游景点附近的贫困户脱贫致富;另一方面着重提高旅游资源的吸引力,重点出台了一系列与帮扶城市相关的优惠措施,扩大旅游业的市场容量,增强创收潜力。截至2020年,贵州省共接待7个对口帮扶城市所在省区市游客1.91亿人次,占省外入黔游客总数的45%。②

三是依托旅游景区开发安置,带动脱贫工作。在旅游资源开发过程中,贵州省注重发挥景区的核心带动作用,在旅游景区内或景区附近规划建设移民安置点,带动农户脱贫。例如,安顺市紫云县水塘镇格凸河景区移民新村,黔南布依族苗族自治州荔波县小七孔风景名胜区及茂兰喀斯特森林自然保护区的驾欧乡景区移民新村,瑶山乡拉片移民新村,都按照这一思路规划建设。安置点用以工代赈资金新建移民住房,完善水、电、道路等配套基础设施,迁移进入的农户通过开设农家饭店和旅游服务摊点、开展民族风情旅游活动等,逐步达到了脱贫目的。景区带动的扶贫效益是多方面的、综合的。一方面,它保护了迁出地的生态环境,使当地获得较好的生态效益;另一方面,它可以让搬迁农户直接受益,依托景区获得持续发展动力,走上脱贫致富之路。此外,景区开发安置还可以产生较好的社会效益。

四是发展"全域旅游",带动村民脱贫。贵州省多民族杂居,文化

---

① 参见杨文、黄美钰、邓祖善:《对贵州深度贫困地区农业产业扶贫的思考》,《贵阳市委党校学报》2019年第3期。
② 参见陈政、朱翠萍:《反贫困中的"贵州实践"》,《中国财政》2019年第9期。

多样。少数民族聚集地民族色彩浓郁，建筑风格独特，成为省内独有的旅游资源。例如，铜仁市将境内独特的梵净山生态与佛教文化、民族民间文化融合，打造"中国土家第一村"，充分利用且保护了生态环境，还促进了山区经济发展。例如，地处偏远山区的黎平县，经济落后、深度贫困，但是其自然风光独特且保存完好。该县在扶贫工作中，改单一旅游模式为"全域旅游"，更大范围地带动景区所在地的发展，让广大贫困农户受益。据统计，2011—2015年，旅游人数从128.39万人次上升至263.3万人次，年均增长率为26.2%；旅游综合收入增长至16.7亿元，年均增长31.96%；各旅游村寨人均纯收入由3940元增长至6587元，人均GDP达20,590元，贫困发生率降至19.9%。2017年年末，该县有59个贫困村摘掉贫困帽，人均GDP为21,277元，贫困发生率降至12%。①

二、发挥自然资源优势，推进特色产业脱贫

少数民族聚集地数量多、发展落后，是贵州省的一大特点。依托具有自身优势的龙头品牌，发展特色产业，帮助村民脱贫，是贵州省脱贫攻坚的重要举措。

（一）重视自身造血功能，发展现代农业生产体系

在脱贫攻坚过程中，贵州省不仅重视输血功能、用好用活政策，更重视提高自身造血功能。

一是发展好现代农业，把农业园区、坝区作为重要平台，统筹政策、项目和资金，加大支持力度。例如，六盘水市通过努力，成功打造了32个省级农业园区、13个省级重点园区。其中，水城县现代农业产

---

① 参见杨理显：《黎平县59个贫困村出列》，《中国民族报》2018年1月31日。

业园被农业农村部认定为首批国家现代农业产业园,是贵州省第一家获此殊荣的农业产业园,在全国20家中排名第五。在全市46个坝区全面推行坝长制,28个坝区获得达标以上坝区认定(其中样板坝区7个、达标坝区21个),在坝区成功打造了300亩以上规模化、标准化的优质特色农产品基地31个。

二是充分发挥贵州得天独厚的生物资源优势,做大做强贵州的"三品一标"(无公害农产品、绿色食品、有机农产品,农产品地理标志)农产品产业。贵州的茶叶生产在2007—2013年,成为中国茶园面积规模第一,并从此连续6年位居榜首。培育出绿、白、黄、红、黑"五彩"系列品种,并畅销国际市场。[①]

三是重视招商和引进项目,延长农产品加工业产业链。主要是发挥好招商政策作用,加强指导,加强规划,加强针对性服务。例如,六盘水市提出,要完善招商引资项目库、目标企业库、专家智库、招商政策库、招商资源库"五库"建设,建设以猕猴桃、刺梨、茶叶为主的全产业链,打造猕猴桃和刺梨的生产、研发、销售全产链优强企业,以菌种研发、菌棒生产、出菇基地、冷链物流做大配套产业。

四是发挥产业链辐射效应,以龙头企业带动现代农业发展。有机高粱不仅是茅台酒生产的主要原料之一,而且是仁怀地区农户的重要收入来源。在当地党委和政府的领导和协调下,仁怀市政府坚持"工业反哺农业",将仁怀市和周边的播州区、汇川区、习水县、金沙县划定为茅台酒有机高粱种植基地,种植面积近100万亩,在保证酒厂可持续高质量发展的同时,以酒业带动种植业发展,以工业增收促进周边农户特别是贫困农户增收。从1999年起,仁怀市就推动当地农户与酒厂合作,重点发展有机高粱产业,延伸酒厂产业链,把有机高粱原料基地作为酒

---

① 参见焦守田:《脱贫攻坚贵州模式的启示》,《当代贵州》2019年第30期。

厂的"第一生产车间",开创了当地农民增收新途径。例如,从2003年起,当地成立和建设了茅台有机高粱基地。截至2020年,酒厂累计投入近11亿元,范围覆盖所有基地,项目包括种子、肥料、农用物资、杀虫灯、机耕道等各个方面。当地政府积极引导和规范有机高粱基地建设,完善保护农户的配套机制,让收购单位出资为农户购买种植保险,在保障基地标准化生产的同时,减轻农户负担。此外,仁怀市政府还规范市场交易行为,连续提高高粱收购保护价。在政府的推动下,酒厂收购有机高粱的价格从最初的2元/千克提升到2019年的9.2元/千克,累计多支付农户金额3.5亿多元,让10万户农户受益。经过多年发展,仁怀市的有机高粱产业已形成"企业+基地+专业合作社+农户"的生产模式,实现"订单种植、合同收购",全市有机高粱基地认证面积50万亩,常年种植有机高粱30万亩以上,高粱产业发展涉及全市19个乡镇(街道)156个村(居)147个专业合作社,带动农户4万多户(其中贫困户7700户),户均收入14,000元以上。

(二)培育壮大特色产品,推进特色产业扶贫

产业扶贫是带动农户参与脱贫攻坚的根本。2018年10月23日,习近平总书记在广东省清远市连江口镇连樟村考察时指出:"产业扶贫是最直接、最有效的办法,也是增强贫困地区造血功能、帮助群众就地就业的长远之计。要加强产业扶贫项目规划,引导和推动更多产业项目落户贫困地区。"① 在产业扶贫上,贵州省将现代山地农业作为一个发展重点,使产业扶贫既促进贫困户增收,又面向大市场,帮助贫困户适应市场变革和农业生产变革。在实践中,现代山地农业可以加强与易地扶贫的相关性,搬迁户应当可以成为山地农业的生产主力。围绕这一重

---

① 学而时习工作室:《产业扶贫是最直接、最有效的方法》,微信公众号"学而时习"2020年6月23日。

点,贵州省近年来主要在四个方面进行了探索。

一是因地制宜发展特色生态扶贫产业。贵州省利用生态的独特优势,在符合精准扶贫标准的贫困地区,坚持"因地制宜,因人施策",实施"一乡一品,一村一特,一县一业"等差异化生态特色产业,在全省形成了"东油西薯、南药北茶、中部蔬菜、面上干果牛羊"的产业扶贫格局,将资源优势转为经济优势。2017年,贵州绿色农产品品牌"贵州绿茶"获得国家农产品地理标志。贵州省拥有丰富的药材资源和医药养生产业要素。黔西南布依族苗族自治州脱毒马铃薯产业扶贫项目已成为贵州省脱贫致富的高效生态产业。同时,贵州省扶持重点企业带动区域产业,政企联手帮扶,支持区域产业集聚带动全域经济发展。增强地理标志意识,着力打造农产品区域公共品牌。贵州省还高度重视品牌的作用,将农产品地理标志作为重要的农业区域公用品牌。"十三五"期间,贵州全省各地均加强了对本地具有独特环境、独特人文历史要素的品牌进行了发掘,对各地农特产品中贵州品质特征和贵州生产风格的有价值的地方名片进行了开发,带动了地方脱贫致富。

二是依托原有特色产品,做亮做精。在产业扶贫方面做细、做实,是贵州省推进产业脱贫的一个特征。它不仅仅是现代农业发展的宏大叙事,而且是与贫困农户直接相关的小村故事。江口县依托原有特色产品,做亮做精,不断系列化,就可以在帮助农户脱贫方面发挥积极作用。例如,江口县的"贵茶"产业,经过10年的发展,形成了以江口产业园为核心、花溪久安为根据地、凤冈基地为窗口的集团化格局,拥有名优茶(古树茶、红绿宝石、春江花月夜)、欧标抹茶、大宗茶(饮品茶)、茶浓缩提取(大健康)四大品类,是全省茶产品最齐全、产业链最为稳定、知名度最高的茶叶品牌。在贵州全省14万亩欧盟标准专属茶园中,江口县带动发展的就达12万亩。更为可贵的是,该县高标准核心茶园已发展到6万多亩,全年产量3500多吨,产值1.85亿元,

第六章 发挥各类资源优势，形成脱贫合力

带动加工企业60多家，各类生产线150多条，带动茶农10万余人，长期用工1.6万余人，其中包括精准扶贫建档立卡人员1530人。江口县的贵州春华秋实现代生态农业有限公司，帮助周屯的易地搬迁点贫困群众搬得出、稳得住、有事做、能发展，真真正正让贫困群众脱贫致富，通过"公司+基地+合作社+贫困户"的合作模式，在明星村大坪集中连片打造以猕猴桃种植为主的"精准扶贫产业脱贫示范基地"，示范基地总面积为341亩，覆盖建档立卡贫困户132户338人，带动村民们脱贫致富。

三是推进产业规模化和易地搬迁的结合。产业扶贫与规模化结合，是贵州开展脱贫攻坚的重要方向。要扩大种植面积，获得土地收益的提高，规模化是必不可少的。这种规模化往往与迁出地农户集中和改变生产方式有关，因此必须促进产业扶贫和易地扶贫搬迁的结合。产业扶贫与易地扶贫搬迁主要采取两种方式：一种是进入县城或郊区等就业较好的安置地，使搬迁农户获得原有的就业资源，也强化了其自我"造血"能力；另一种是将原有的搬出地重新进行规划，对承包地、山林地、宅基地适度流转，发展适度规模经营，保证搬迁户的土地收益，成为农民的收入来源。此外，产业扶贫还可以将农业、生态、民俗、文化、旅游有效结合，促进贫困人口增收脱贫。

四是创新农村产业革命，兜牢发展农村经济、促进农民增收脱贫致富的根基。产业发展是实现脱贫致富、推动乡村振兴的治本和长久之策。习近平总书记在贵州考察工作时深刻指出"要加快发展特色高效农业，加快培育新型农业经营主体"。2018年年初，贵州省委提出来一场振兴农村经济的深刻的产业革命，把农业供给侧结构性改革、农村经济结构调整、乡村振兴的产业振兴、产业扶贫有机结合起来，推动"三场革命"，实行12位省级领导干部领衔推进茶叶、食用菌、蔬菜等12个农业特色优势产业，有效推动传统农业实现"六个转变"，取得较

好成效。2019年农村居民人均可支配收入突破1万元,增长10.7%,农业增加值增长5.7%,增速继续位居全国前列。

江口县以农村产业革命推动脱贫的做法,就是一个观察基层脱贫攻坚实践创新的最好窗口。"十三五"期间,该县围绕农村产业结构调整和升级、产业链改造下功夫、做文章,共建成生态茶叶基地15.97万亩,投产茶园达11.93万亩,建成骆象省级茶产业示范园区,建成万亩茶叶乡镇4个、茶叶专业村12个、发展茶叶企业101家(其中引进省外茶叶企业19家)、组建茶叶专业合作社89个、培育省级产业化龙头企业3家、省级扶贫龙头企业6家,直接带动46个贫困村、4114户精准扶贫户、1.3万人直接就业,实现人均增收4300元以上。在中药材方面,该县几年来共种植中药材面积8243亩,总面积35,333亩,产量2492吨,产值4767.8万元。中药材品种以厚朴、钩藤、黄精、缬草、姜黄为主。共带动1340户群众种植中药材,其中建档立卡户625户1685人。建档立卡户均增收2300元,人均增收800元。这些生态农业的发展,大大带动了农民致富和贫困人口脱贫的步伐。

(三) 优化农业种植结构,立足资源禀赋扶贫

在市场经济条件下推进脱贫攻坚,需要遵循市场经济的内在规律。近年来,贵州省始终以市场为导向,以资源禀赋为出发点,根据自身竞争优势来确定农业结构的调整方向。在具体实践中,一方面是大力优化农业种植结构,另一方面则是强化主导产业引领作用,极大地带动了贫困人口的脱贫。

一是发展好现代山地特色农业。山地特色农业是贵州的名片,是具有竞争优势的产业,也是市场辨识度较好的产业。山地特色农业的发展,需要与本地资源相契合,更需要与大市场相衔接。近年来,贵州省在这方面作了巨大努力。例如,六盘水市近年来着力发展猕猴桃、刺

第六章
发挥各类资源优势，形成脱贫合力

梨、茶叶、食用菌、蔬菜、特色林业、生态畜牧、中药材、人民小酒（高粱酒）、生态渔业等特色产业。以"凉都三宝"为主导，发展现代山地特色农业，全市特色产业面积达 397 万亩，其中猕猴桃种植面积达 20.08 万亩，刺梨种植达 120.48 万亩，形成了全省最大的猕猴桃基地、全国最大的刺梨基地。规划建设了水城百里猕猴桃产业带、盘州两高沿线刺梨产业带、六六高速六枝猕猴桃产业带，其中万亩以上产业基地 15 个、千亩以上 282 个。辖区内的盘州市获"国家级出口刺梨食品农产品质量安全示范区"以及农业农村部等八部委认定的"中国特色农产品优势区"称号，刺梨产业国家创新联盟获批成为全省第一个林业和草原国家创新联盟，全市种植茶叶 31.55 万亩，投产茶园 26.02 万亩。盘州宏财公司获准使用"贵州刺梨"公共品牌。

二是因地制宜，提升传统优势特色农业。以镇宁县为例，2017 年在胶州市的帮助下，该县引进了青岛寿光市龙耀食品有限公司在马厂镇投资建设蔬菜示范园项目，在募役镇投资建设樱桃示范园项目；2018 年引进青岛红星化工集团有限责任公司投资辣椒素萃取项目；2019 年加大镇宁县红星集团辣椒种植和萃取项目和辣椒油树脂萃取项目投资。

三是发挥绿色扶贫资金在产业扶贫中的引导作用。资金投入特别是原始资金的投入，是扶贫攻坚的基础。贵州省高度重视扶贫攻坚基金的作用。近年来，贵州省根据脱贫攻坚的需要，及时将贵州脱贫攻坚投资基金更名为贵州绿色产业扶贫投资基金，印发《贵州绿色产业扶贫投资基金管理办法（试行）》。截至 2018 年上半年，扶贫产业子基金已投资项目 476 个，基金投入 278.56 亿元；企业已使用基金项目 460 个，使用基金 150.61 亿元。绿色产业基金已投资项目 4 个，投放资金 3.7 亿元。通过基金投资，发展了一批特色农业产业，支持了一批龙头企业,带动了一批贫困农户。①

四是推动种养殖户与企业的对接,稳定市场回报。都匀市的贵州高原乳业有限公司 2015 年落地平浪镇平坝村至今,结合当地各方面及企业的实际情况,以扶贫资金"三变"入股形式带动都匀市行政村 21 个,与 867 户建档立卡贫困户签订扶贫协议,每年的分红资金为 314,216 元,户均分红 362 元。以"奶牛养殖"的形式带动种养殖农户 800 余户,其中带动 15 户建档立卡贫困户发展奶牛养殖产业,15 户贫困户每户年分红 2500 元,让更多的贫困户受益脱贫,有效带动了脱贫攻坚的深入开展。

(四)根据地区特点发展主导产业,带动贫困户脱贫

主导产业的发展关系贫困地区能否可持续发展,只有主导产业发展好了,才能巩固扶贫脱贫成果。在脱贫攻坚中,贵州省依据地方特点,来规划和发展当地的主导产业,以主导产业的规模化和结构优化,带动脱贫攻坚。

贵州省基层在脱贫攻坚上重视发挥主动性,锐意创新,探索出很多适合本地经济长远发展的扶贫脱贫路子。例如,贵州省丹寨县兴仁镇,就科学规划万亩烧茶林下经济基地 1.1 万亩。2019 年 9 月启动基地建设,在不到一年的时间中,就完成林下中药材种植面积 6960 亩。主推的林下经济包括天冬、黄精、板蓝根、吊瓜、林禽和林蜂。在资金来源上,财政扶贫资金和东西部扶贫协作资金占 70%,撬动和吸收公司及社会资金占 30%。采取三种模式进行投资:其一是将扶贫发展资金量化到村,由村合作社自主实施;其二是对不符合用地条件或直接发展林下经济没有比较优势的村,将扶贫发展资金量化到各村,各村再将资金

---

① 参见李杰:《完善"制度+科技+创新"扶贫资金管理研究——基于贵州的实践与探索》,《财政监督》2019 年第 11 期。

第六章 发挥各类资源优势，形成脱贫合力

集中到有用地条件的村实施；其三是将扶贫发展资金量化到村，村入股公司，由公司承建基地、自主建设、自主经营、自负盈亏、项目利益共享，企业按照每年8%固定分红给村集体，再分配到贫困户，项目实施三年后归还本金。在组织方式上，该基地采取"三带"模式，即"品牌带产业、龙头企业带基地、专业合作社带农户"。合作社与公司签订收购合同，基地生产的所有农产品，公司进行保底收购。同时，公司都建有自己的加工基地和销售渠道。在项目产生效益和扣除成本后，利润的70%分配给贫困户，30%用于村集体经济收益。总利润的35%为合作社量化股份分红，分配给建档立卡贫困户，为鼓励贫困户多劳多得，利润的17.5%用于贫困户劳动分红，村里无劳动力户则用剩余的17.5%进行分配。在整个过程中始终发挥党支部的作用，由党支部引领、企业带动，合作社实施，利益覆盖贫困户，从根本上保证真脱贫和脱真贫。

在保障主导产业发展问题上，贵州省还高度重视主导产业发展的基础工程建设，推动土地利用和主导产业选择的对接，使主导产业的发展以土地规划和土地利用的优化为基础。以平塘县为例，该县始终坚持以科学谋划坝区建设为重点，因地制宜选好产业。以"一坝一策"作为指导，谋划"九大产业"发展布局，调优品种结构，大力推广绿色、生态、高效种植模式，着力打造农业现代化的"样板田、科技田、效益田"。在主导产业选择上，突出模式创新以提升综合效益，如采取"稻+""茭+"等特色套种套养的立体式、复合式模式，增加亩产值。同时，对主要产业加强管护，逐步做优做强产业。毕节市织金县大陌坝区从为城镇服务入手，发展蔬菜等主导产业，带动村民致富。辖区内的涉及区域包括：马场镇的大陌居、台子成和文丰村，牛场镇的水城和大营村，坝区总面积达到2045.2亩，以蔬菜为重点发展产业，提高产业化规模，带动了周边几个村的脱贫致富。

六盘水市水城区以食用菌产业发展为基础，严格按照产业革命"八

要素"的要求,通过"公司+基地+示范户+农户(贫困户)"的脱贫模式,使脱贫和农村产业发展相适应。水城县的食用菌产业带稳定带动就业727人,涉及贫困户176人,另外,每年还临时用工4000余次,涉及贫困人口1000多人。在土地利用方面,共流转土地6200亩,年支付流转费用310万元,通过土地入股化肥厂,年分红104万元,用于发展壮大13个村集体经济,这些均对当地脱贫攻坚发挥了积极推动作用。

三、借力扶贫和开发资金,强化扶贫和脱贫投入

脱贫攻坚的全面展开,总是与扶贫资金投入的强化联系在一起。在扶贫资金的投入上,一方面需要直接的财政投入;另一方面需要发挥社会资金等力量的作用。近年来,贵州省积极落实习近平总书记精准扶贫思想,稳步推动资金投入方式改革,集中扶贫资金用于穷片、穷县、穷乡、穷村、穷户等"五穷"对象,确保了扶贫资金的用途使用精准,投放精准到户、到人。同时,贵州省还积极组建融资平台,为发展生态产业、易地扶贫搬迁、生态补偿脱贫和社会兜底保障提供资金保障。

(一)用好用活财政资金,强化脱贫投入保障

资金支持,是脱贫攻坚的关键。从历史经验来看,资金技术等投入要素相对不足、生产管理方式相对落后、劳动力综合素质相对较低等主客观因素,造成部分地区处于长期贫困状态。[①] 习近平总书记指出:"要强化脱贫攻坚资金支持,在投入上加力,切实加强扶贫资金管理,

---

① 参见邵延学:《我国农村贫困特点、成因及反贫困对策探讨》,《商业经济》2014年第18期。

优化资金配置，提高使用效率，确保每一分钱都花在刀刃上。"① 2015年6月，习近平总书记在贵阳召开的部分省区市党委主要负责同志座谈会上强调："坚持政府投入在扶贫开发中的主体和主导作用，增加金融资金对扶贫开发的投放。"② 这些重要论述，成为贵州省扶贫资金管理和使用的指导。

扶贫资金是财政性保障支出中的重中之重。在脱贫攻坚中，贵州省积极调整支出结构，投入渠道不断拓展、投入方式不断创新、投入力度不断加大，逐步形成了以财政资金为导向的多元化、多渠道扶贫投入机制，为全省打赢脱贫攻坚战提供了强有力的资金保障。2015—2017年，贵州全省的财政专项扶贫资金从89.82亿元增加到203.26亿元，增长1.3倍，远高于同期财政收支增长水平。同时，统筹整合用于脱贫攻坚的财政涉农资金。仅2017年，贵州纳入统筹整合的涉农资金共18大项，资金规模364亿元，其中66个贫困县纳入统筹整合的财政涉农资金规模超过320亿元，有力推动了精准扶贫政策的落地实施。③ 近年来，贵州省更是通过优化财政支出结构、大力压减非重点支出，优先保障扶贫资金投入增长。2020年，中央和贵州省共投入财政专项扶贫资金224.58亿元，较上年增长22.9%，其中省级财政专项扶贫资金投入97.15亿元，增幅23.7%。④

贵州省实施"省级统贷统还"政策，突出体现了我国扶贫资金和开发资金在规划和使用方面所具有的特有政治经济制度优势。在制定

---

① 中共中央党史和文献研究院编：《习近平扶贫论述摘编》，中央文献出版社2018年版，第94页。
② 中共中央党史和文献研究院编：《习近平扶贫论述摘编》，中央文献出版社2018年版，第88页。
③ 参见李杰：《完善"制度+科技+创新"扶贫资金管理研究——基于贵州的实践与探索》，《财政监督》2019年第11期。
④ 参见石化清：《贵州："五点切入"强化扶贫资金管理》，《中国财经报》2020年12月28日，第6版。

"十三五"时期易地扶贫搬迁规划之初,贵州省便明确由省级负责搬迁资金的承贷和偿还,包括同步搬迁人口投资,体现出省委、省政府对打赢易地扶贫搬迁攻坚战的决心和担当。截至2019年12月,贵州省易地扶贫搬迁统贷统还平台已统筹专项资金933.90亿元,统还利息45.15亿元,为基层政府实施工作提供了充足的资金保障。在扶贫资金使用上,贵州省坚持发挥政府投入主体和主导作用,发挥资本市场支持贫困地区发展作用,吸引社会资金广泛参与脱贫攻坚,形成脱贫攻坚资金多渠道、多样化投入。2018年以来,中央和贵州省投入财政专项扶贫资金483.71亿元。其中,中央资金265亿元,年均增长20.43%;省级资金171.28亿元。扶贫小额信贷累计发放442.77亿元,贷款贫困户73.44万户。

在脱贫攻坚中,贵州省还积极发挥财政资金入股撬动作用。例如,六盘水市整合12.96亿元财政资金入股,撬动105.21亿元其他社会资金参与"三变",探索推进扶贫资金所有权、使用权、收益权"三权分置",发挥了财政资金"四两拨千斤"的作用。从扶贫资金的使用主体来说,贵州省重视发挥基层主动性,发挥龙头企业和新建项目主体的作用。"精准扶贫,精准脱贫"战略合理统筹各界力量,发挥各类优势,解决"谁来扶"的问题。扶贫项目和产业基地,在一定程度上可以承担发挥优势、主动帮扶的功能。六盘水市水城区在产业扶贫脱贫中坚持"产业生态化、生态产业化"发展理念,围绕食用菌全产业链开发。持续巩固面上食用菌设施产业,建成菌种场2座,年生能2.3亿棒,覆盖21个乡镇38个种植基地5084个出菇大棚,其中易扶搬迁点1707个,配套启动精深加工等项目建设,有效推动了扶贫脱贫。该县建设的水城县菌种场总投资近1.4亿元,其中自筹资金0.49亿元,扶贫资金0.91亿元。新建设的出菇基地,包括大棚127多万平方米,错季烤烟大棚11.8万平方米,总投资共计约1.5亿元,其中,其他资金0.43亿元,扶贫资金1.07亿元。在配套项目建设上,新建设冷链物流集散中心、泡沫塑料框厂和有机肥厂共投资1.5亿元,其中,自筹资金1.15亿元,扶贫资金0.35亿元。总之,在脱贫项目的建设方面,财政性扶贫资金的投入撬动了各方面的后续资金,发挥了极为重要的启动作用和资金杠杆作用。

(二)加强东西部扶贫协作,打造对口扶贫脱贫新模式

解决资金问题,要坚持社会动员,凝聚各方力量。习近平总书记指出:"要坚持专项扶贫、行业扶贫、社会扶贫等多方力量、多种举措有机结合和互为支撑的'三位一体'大扶贫格局,强化举措,扩大战果。"① 对贵州省来说,扶贫协作有着丰富而深刻的内涵,不仅对打赢脱贫攻坚战意义重大,而且对推动贵州与全国市场的融合有广泛而深远的影响,是必须抓住和用好的重大历史机遇。

围绕东西部扶贫协作和中央单位定点帮扶,贵州省制定了一系列完整的工作方案进行推动,确保帮扶工作取得实效。在中央单位定点帮扶上,贵州省严格落实责任单位和责任人,按照中央要求和从贵州实际出发,认真选择和科学安排相关项目,确保项目落地。在东西部扶贫协作上,贵州省专门成立了推进东西部扶贫协作工作领导小组,省委、省政府主要领导任组长。所有受帮扶县都成立扶贫协作工作专班。8个受帮扶市(州)和每个受帮扶县(市、区)都制定具体的扶贫协作工作方案,积极争取东部对口帮扶城市支持。仅2019年,7个帮扶城市就投入贵州省财政帮扶资金34.8亿元,实施帮扶项目1691个,受益建档立卡贫困人口87.49万人。2018年东部帮扶省、市投入财政帮扶资金27.13亿元;选派援黔干部360人,派出专业技术人才4203人,接收

---

① 中共中央党史和文献研究院编:《习近平扶贫论述摘编》,中央文献出版社2018年版,第99页。

贵州挂职干部911人、专业技术人员3041人；与贵州8个市（州）共建33个合作园区，引导到结对地区开办扶贫企业423个、实际投资242.55亿元。①据统计，2016—2020年，7个东部帮扶城市向贵州投入财政帮扶资金累计达113.99亿元，实施帮扶项目5932个。40家中央单位定点帮扶贵州50个贫困县，直接投入帮扶资金33.82亿元，实施帮扶项目3551个。这些项目的实施，为贵州脱贫攻坚增添了极大推动力。

贵州省在开展东西扶贫协作时，重视不断深化合作和总结经验。近年来，东西部扶贫协作特别是扶贫援助资金的使用，已经逐步由被动式帮扶向主动对接帮扶转变。在实践中，贵州省不仅主动对接产业，还主动开拓市场、主动对接劳务输出、主动对接人才和智力支援，逐步构建了具有可持续性、具有市场关联性的帮扶关系。东西部扶贫协作向深度贫困地区聚焦，7个对口帮扶城市投入14个深度贫困县财政性帮扶资金6.73亿元，帮助引进资金21.47亿元，与深度贫困村结对帮扶1272对。②在此基础上，贵州省逐步将帮扶力量向深度贫困地区聚集，深度贫困县、极贫乡镇全部由省领导联系帮扶，市、县两级领导按照属地原则分别联系帮扶深度贫困村。

以镇宁县为例，该县是青岛对口帮扶地区。2016年以来，该县收到青岛对口帮扶资金共计12,351.61万元，安排项目111个。其中，基础设施项目53个、产业项目40个、培训项目7个、社会事业项目7个、就业扶贫项目2个，这些项目共带动了本地区26,877人脱贫致富。不仅如此，在使用方向上，该县的帮扶资金从最初集中安排基础设施项目，到后面内容不断丰富，重点发展产业项目，延伸发展培训项目、社会事业项目、就业扶贫项目等，项目资金越用越准，越用越有成效。

---

① 参见陈政、朱翠萍：《反贫困中的"贵州实践"》，《中国财政》2019年第9期。
② 参见陈政、朱翠萍：《反贫困中的"贵州实践"》，《中国财政》2019年第9期。

第六章 发挥各类资源优势,形成脱贫合力

应当指出,国有企业在东西部扶贫协作和对口扶贫中发挥了巨大的引领作用。安顺与青岛合作过程中涌现的"红星模式"就是这方面的一个缩影。青岛红星化工集团有限责任公司(以下简称青岛红星)是一个具有50多年生产历史的国有特大型生产企业。20世纪90年代,由于沿海地区资源匮乏,交通运输成本和能源价格成倍增长,青岛红星决定向矿产资源区靠近,将红星多年形成的信誉、市场、技术、管理等优势同贵州的资源优势结合起来。1995年,青岛红星投资1.2亿元,组建了贵州镇宁红蝶钡业公司,1999年该公司整体改制组成了贵州红星发展股份有限公司(以下简称红星发展)。经多年发展,红星发展已经是国内顶尖的多品种钡、锶盐无机化工基础材料和电化学行业锰系列产品生产制造化工企业,年产值5亿元左右,每年上缴税收7000多万元,在镇宁已累计上缴税金高达9.4亿元。红星发展在当地直接和间接带动的就业近2000人,90%的职工为当地人,70%的管理人员为公司培养的本地人才,红星发展员工年均收入已从建厂之初的5800元增长到目前的6万元。红星发展已成为"中国扶贫开发和共赢发展的典型,实现了1+N效应",其标杆意义影响全国。在对口扶贫协作中,青岛红星除了开展公益性帮扶外,还采取"企业+就业+产业"模式,带动当地群众就业,通过产业聚集效应,拉动物流、餐饮等多行业发展,让当地群众通过创业、务工等方式增加收入,实现脱贫增收,构建企业"造血式"帮扶的良好格局。

贵州省开启脱贫攻坚战以来,为了带动更多的贫困群众依靠产业发展致富,2018年青岛红星与镇宁县共同出资设立贵州红星山海生物科技有限责任公司,推广种植高辣度辣椒,并配套投资建设辣椒油树脂和辣椒红色素萃取深加工项目。"山海生物"是青岛红星在贵州倾力打造的绿色产业精品工程,是国内首家全方位规模提供高质量辣椒油树脂的生产企业。项目整体分种植与深加工两部分,规划种植面积5万亩,分

两期建设日投料50吨和30吨辣椒油树脂和辣椒红色素萃取生产线、一条中试生产线、一个日烘烤鲜椒500吨的烘烤基地。"山海生物"采取"企业+农户"的模式定价收购,每亩辣椒的收成有1—1.5吨,按4元/千克收购,每亩收入将达到4000元以上,比种玉米高出2000余元。"山海生物"在丁旗镇、马厂镇等乡镇发展辣椒种植,农民种植好辣椒交给企业,企业通过生产将农产品变为工业产品,提高了产品附加值,同时又增加了农民收入,实现了农产变工产的华丽转身。产业发展和合作模式具有许多新的特点:首先,在产业发展模式上,项目覆盖了农技推广、农业种植、科技研发、农产品精加工及销售等诸多方面,搭建了集培育种植基地化、生产加工工厂化、销售营销渠道化于一体的一、二、三产业紧密融合的全产业链条。其次,采用"企业+平台+合作社+贫困户"绑定发展模式,充分整合外部资源参与精准扶贫,以建档立卡的贫困户为帮扶核心,真正做到"靶向扶贫"。农民种植由平台提供种苗,由技术人员手把手教授,既"授人以鱼",让农民在收入上有实实在在的获得,又"授人以渔",让贫困群众在产业发展实践中接受技能培训,提高种植技能和市场意识,帮助他们由零散种植户向现代产业农民转变。最后,对农户实行保护价收购,让农民的种植有计划、有目的,有效规避了盲目性种植的风险。"山海生物"的发展凸显了强大的示范效应,打造了脱贫的新模式。

(三) 创新资金筹集方式,加强扶贫资金统一管理

脱贫攻坚是一项艰巨的工程,涉及的人群数量大、投资领域广、建设项目多,没有大量资金投入,很难在较短时期内快速取得成效。为了解决这一问题,贵州省在脱贫攻坚中除了运用好政府财政和东西部合作的扶贫资金之外,还重视社会资金和社会帮扶资金的支持,加强资金的统一运筹和管理,发挥资金综合效益。

第六章 发挥各类资源优势，形成脱贫合力

一是积极调整地方政府的债务结构，在扶贫项目上设立专项服务，加大专项建设基金支持力度。2020年，贵州还专门安排28.37亿元脱贫攻坚专项资金支持1721个深度贫困村和贫困发生率10%以上的144个非极贫乡镇，重点支持"两不愁三保障"补短板和产业就业扶贫。①

二是争取国家开发性金融机构的支持。脱贫攻坚中的建设项目市场领域竞争性强，技术和市场属于非成熟型，很难得到普通商业金融的支持。同时，贷款利率较高，贫困地区无论是基层政府还是企业或合作社，需要贷款时难以承受较高的利率。贵州经济发展基础弱、财政实力弱，而且金融市场的发展也并不充分。因此，更需要采取相应的措施。中央扶贫工作会议指出，特别是要重视发挥好政策性金融和开发性金融在脱贫攻坚中的作用。② 近年来，贵州积极争取国家各类金融部门特别是国有政策性金融机制的支持，充分发挥开发性金融的区域平衡和输血功能，为脱贫攻坚提供支持。

三是引导农户自筹资金，发挥农户参与发展、自力脱贫的积极性。对农户自筹资金，重视引导和给予政策支持。鼓励其广开思路，适应市场，从多种渠道进行资金筹集。对农户筹集投资时需要的贷款，争取有关金融机构根据条件和可能，尽量发放长期低息贷款，消除农户在脱贫攻坚中发展项目的担心，增强其风险抵御能力。各地、市结合实际，采取政府购买市场服务的形式，确定市场化运作的省级投融资主体作为承贷主体，承接相关项目资本金和贴息贷款，扩充了资金筹集来源。

四是积极开发农村金融产品。例如，六盘水市出台了《金融支持"三变"改革工作方案》，创新推出了"特惠贷""三变富""惠农易贷"等11个金融产品，支持"三变"项目。同时，贵州省还积极探索

---

① 参见石化清：《贵州："五点切入"强化扶贫资金管理》，《中国财经报》2020年12月28日，第6版。
② 参见徐元：《发挥金融独特作用 坚决打赢脱贫攻坚战》，《贵州政协报》2016年4月1日，第A2版。

其他资金入股脱贫项目，鼓励将政府财政资金投入农村形成的乡村道路、机耕道、小型水利设施、集体房产等资产，量化为村集体股金入股，拓宽投入方式，有效壮大村集体经济。

五是加大本地金融部门支持扶贫开发的力度。近年来，贵州省以政策扶持为支撑，发挥本地金融机构在脱贫攻坚的金融主体作用和引导作用。例如，贵州省建立了"扶贫开发投资有限责任公司"投资融资平台，扩大易地扶贫搬迁资源动员规模，吸引更多的市场力量参与到住房安置、产业园区建设中，为易地扶贫搬迁提供资金支持和就业支持。①由于各项政策的综合作用，贵州的金融资源逐步向贫困地区倾斜，使扶贫资金功能得到放大，加快与信贷资金的有效结合，共同发挥作用，促进了扶贫政策与产业政策的高度融合。

四、加快基础设施建设，带动贫困户与大市场对接

基础设施不仅关系贫困地区的生产发展，而且直接影响贫困人口的生活条件。习近平总书记指出："集中连片的贫困区要着力解决健全公共服务、建设基础设施、发展产业等问题。"② 贵州省在脱贫攻坚中，始终坚持基础设施先行，夯实脱贫攻坚和乡村发展基础。

（一）坚持交通建设先行，畅通物流信息流体系

贵州地形崎岖、山高谷深、山阻水隔的封闭环境，使贵州经济社会长期处于欠发达、欠开发状态。其中的难点，不仅在于区域因素和影响

---

① 叶青、苏海：《政策实践与资本重置：贵州易地扶贫搬迁的经验表达》，《中国农业大学学报》（社会科学版）2016 年第 5 期。

② 习近平：《在深度贫困地区脱贫攻坚座谈会上的讲话》，人民出版社 2017 年版，第 14—15 页。

第六章 发挥各类资源优势，形成脱贫合力

和资源缺乏，还在于基础设施建设特别是交通设施建设不到位，导致农户的小生产与外面的大市场对接困难。《全国"十三五"易地扶贫搬迁规划》对易地扶贫搬迁选址的规定指出：符合当地土地利用总体规划、城乡土地利用规划等要求，尽量利用存量建设用地、荒山和薄地，严禁占用基本农田。规避滑坡、泥石流、地质断裂带等自然灾害隐患点，地势相对平坦开阔，满足环境承载力要求，有安全可靠的水源保障。交通较为便利、基础设施和公共服务设施较为完善、产业发展具有一定基础的中心村、小城镇、产业聚集园区等地区。旅游景点、历史古迹、革命遗址、民俗文化等特色资源优势突出、开发利用潜力较大的地区。

交通设施、基础设施和公共服务设施一直是贵州扶贫开发和脱贫攻坚的重点。针对贫困地区和贫困村普遍遇到的基础设施落后、基本公共服务不足、生产生活条件较差的普遍共性问题，贵州省在扶贫工作中，始终坚持加大基础设施和公共服务能力建设力度，始终将加快改善贫困农户的生产、生活条件作为首要任务，坚决落实打通"最后一公里"的扶贫目标。2015年年底，贵州省提前三年实现"县县通高速"的目标，成为西部地区第一个实现"县县通高速"的省份。2015年9月，贵州省正式启动农村公路建设"三年会战"。2016年年底实现了建制村通畅率、建制村通客运比例100%的目标，从根本上解决了偏远贫困地区交通"瓶颈"。2017年8月开始，贵州省又启动"组组通"三年攻坚，累计投入459.8亿元建设7.87万千米通组硬化路，覆盖全省3.9万个30户以上未通硬化路的村民组，彻底解决沿线1200万农民群众出行不便问题，为脱贫攻坚奠定了厚实的基础。

贵州遵循经济社会发展的客观规律，回应人民群众的期盼，围绕脱贫致富加快基础设施建设。在三年脱贫攻坚战中，贵州围绕信息流建设大力推进新基建，一批超大型数据中心落户贵州，建成贵州中国南方数据中心示范基地、国家级互联网骨干直联点、国际互联网数据专用通

道,实现5G"县县通",出省带宽达到1.7万G。农村地区特别是边远地区的通信难等问题得到历史性解决,农村基础设施供给质量和水平进一步提升。围绕交通设施建设,全省共建成"组组通"硬化路7.87万千米,高速公路通车里程7607千米,高速铁路通车里程1527千米,民航旅客年吞吐量突破3000万人次,轨道交通从无到有,乌江"黄金水道"全线通航,世界前100座高桥有50座在贵州,综合立体交通体系基本形成。这些基础设施建设的建成,极大地便利、促进和加快了贵州省与省外以及贵州省内部城乡之间、地区之间的物流、人流和信息流对接,使贫困山区能够依靠与大市场的衔接发展经济、脱贫致富。贵州还推进能源基础设施建设,发电装机容量突破7000万千瓦,天然气管道连通60个县,农村自来水普及率达到90%以上。这些措施从根本上解决了农村地区群众行路难、吃水难和用电难等百年难题,为农村地区群众发展经济、提高收入、改善生活质量打下了坚实基础。

贵州省坚持在基础设施建设中聚焦深度贫困地区建设。深度贫困地区始终是贵州省基础设施建设的重点和难点。党的十八大以来,贵州省共支持深度贫困地区普通国省道建设项目577千米,加快推动20个极贫乡镇620千米快速通道建设,14个深度贫困县农村"组组通"硬化路建成2.05万千米,开工建设67座大中小型水库。① 在电力和通信方面,贵州省加大围绕贫困村的实际需要,积极规划和发展光伏发电、小水电、风能发电,推进可再生能源开发利用发电。在畅通网络和信息化建设方面,贵州省针对贫困村加快了宽带网络建设,使网络覆盖贫困村。

(二)完善生产生活基础设施,加强住房保障和饮水安全

住房保障问题与贫困人口脱贫工作密切相关。农村危房是影响农村

---

① 参见陈政、朱翠萍:《反贫困中的"贵州实践"》,《中国财政》2019年第9期。

第六章 发挥各类资源优势，形成脱贫合力

贫困人口生活质量的难题之一，也是贵州省脱贫攻坚工作的着重点。贵州省是全国最早实施农村危房改造的省份，也是实施农村危房改造数量最多的省份。在脱贫攻坚中，贵州针对农村贫困人口的危房出台了系统性的改造方案和落实计划。2016年以来，贵州全省共改造农村危房75.1万户。在全国率先开展透风漏雨老旧住房整治30.6万户，率先同步实施改厨改厕改圈45.5万户，率先开展农村人畜混居整治7.12万户，率先建立数字乡村住房保障监测平台。2017—2019年在全国农村危房改造年度绩效考核中，连续三年获全国第一。2020年9月，在国务院新闻办举办的脱贫攻坚住房安全保障有关情况新闻发布会上，贵州省作为唯一省级代表介绍农村危房改造情况。贫困群众住房安全得到全面保障，居住质量得到全面提升，从"忧居"变成了"优居"，"居有所安"的梦想变为现实。

水源地和水源设施与贫困地区的社会生产和生活紧密相关。贵州耕地灌溉率约为35%，农田灌溉水有效利用系数为0.468，主要农作物生产综合机械化率为33.19%，低于全国平均水平。[①] 贵州省在脱贫攻坚中，始终重视这一问题，将贫困群众的生产和生活用水作为脱贫攻坚的重要任务来解决。

脱贫先固本，生产、生活安全先于发展利益。脱贫攻坚以来，贵州省坚持基本生活保障先行、生产保障并重的方针，将解群众之忧作为第一位的任务。针对贫困人口饮水安全问题，先后实施了农村饮水安全巩固提升工程，全面解决农村饮水安全问题攻坚决战行动等，采取新建、配套、升级、改造、联网等方式，进一步提高农村集中供水覆盖程度，对水源补给类型为屋顶集雨和自然坡面集雨为主的5.1万口小水窖进行升级改造，解决和巩固拓展全省740.94万人饮水安全问题。其中，解

---

① 参见李裴：《贵州农业产业革命实践与理论读本》，贵州人民出版社2018年版，第56页。

决建档立卡贫困人口252.3万人的饮水安全问题，使全省在现行标准下农村饮水安全问题得到全面解决。同时，贵州省还着力强化饮水安全运行管理，制定了《贵州省农村供水管理办法（试行）》，建立健全"三个责任""三项制度"，构建农村饮水安全良性运行长效机制。

在生产用水上，贵州省将水库建设作为一个重要抓手。党的十八大以来，贵州省开工建设67座大中小型水库。① 同时，贵州省还以贫困村为重点，加大建设农田水利配套工程。针对贫困山区和水资源短缺地区，贵州省自2017年起加快了"五小水利"工程和高效节水灌溉工程建设进度。这些措施，有效缓解了农业生产用水、工业用水和部分居民生活用水问题。

围绕山区农户的饮水安全问题，贵州省将加大资金投入作为工作的切入点。在2018年全面启动实施了农村饮水安全攻坚决战行动，投入农村饮水安全项目建设和管理省级以上资金35.14亿元（中央8.55亿元、省级26.59亿元），覆盖288万农村人口，全面解决了群众的饮水安全问题。在此基础上，明晰地方政府、行业监管部门、供水单位责任，制定农村饮水工程运行管理、农村集中式供水工程水质检测准则、分散式水质检测监测相关制度，确保工程建得成、管得住、用得好，让贫困群众受益，真正享受脱贫给他们生活带来的改变。

五、扶贫扶智和扶志相结合，推进党建扶贫和教育扶贫

脱贫攻坚并不仅仅是解决群众的物质贫困问题，化解精神贫困、增强脱贫致富、自立自强的信心和信念也很重要。习近平总书记提出："要坚持以促进人的全面发展的理念指导扶贫开发，丰富贫困地区文化

---

① 陈政、朱翠萍：《反贫困中的"贵州实践"》，《中国财政》2019年第9期。

活动,加强贫困地区社会建设,提升贫困群众教育、文化、健康水平和综合素质,振奋贫困地区和贫困群众精神风貌。"[1] 在脱贫攻坚中,贵州省坚持综合治理,群抓共管,努力扭转贫困群众"等靠要"思想,化解传统的"靠穷吃穷"等落后落伍思维。

(一)多管齐下助"立志",发挥党建扶贫引领作用

相对于物质贫困而言,"穷而不思进取"更不利于脱贫工作的开展。费孝通认为,改造乡村需要有"文化自觉","人"在乡村复兴中起关键作用,农村发展与繁荣需要乡村社会具有内在的动力。[2] 习近平总书记提出"人穷志不能短,扶贫必先扶志。没有比人更高的山,没有比脚更长的路"[3]。

做好"扶志"工作,要发挥农村基层党组织的战斗堡垒作用。脱贫攻坚的信心足不足,群众的信心强不强,关键在于党的领导作用能否发挥。习近平总书记指出:"我们的农村党组织能否发挥这样的核心作用,直接关系到脱贫致富事业的凝聚力的强弱。"[4] 贵州省近年来积极加强"扶志"工作,发挥党组织的作用,重点做了四方面工作。首先,把党的政策措施落实到对贫困群众的具体帮扶之中,采取各种形式的精神帮扶,增强对脱贫的信心和对党的政策的信心。其次,树立典型,发挥先进单位和人物的榜样作用。在脱贫攻坚中,贵州省连续三年召开全省脱贫攻坚七一表彰大会,连续三年发布《贵州脱贫攻坚群英谱》。在全国脱贫攻坚总结表彰大会上,贵州省共有199名个人或集体获得全国

---

[1] 中共中央党史和文献研究院编:《十八大以来重要文献选编》(下),中央文献出版社2018年版,第50页。
[2] 参见费孝通:《论人类学与文化自觉》,华夏出版社2004年版,第23—29页。
[3] 中共中央党史和文献研究院编:《十八大以来重要文献选编》(下),中央文献出版社2018年版,第49页。
[4] 习近平:《摆脱贫困》,福建人民出版社1992年版,第160页。

脱贫攻坚"先进个人"和"先进集体",其中原晴隆县委书记姜仕坤荣获"全国脱贫攻坚楷模"荣誉称号。涌现了"水过不去、拿命来铺"的黄大发、"当代女愚公"邓迎香、"牛人"王昭权等一批脱贫攻坚先进典型,生动践行和弘扬了"上下同心、尽锐出战、精准务实、开拓创新、攻坚克难、不负人民"的伟大脱贫攻坚精神。再次,建设新乡风文明,破解不良风气,改善农村的习俗和整体精神面貌。特别是注重发挥村规民约在村民自治中的作用,改变落后观念和陈规陋习。同时,大力开展"法治扶贫",对扰乱社会秩序行为依法由相关部门进行教育引导。最后,增强农村贫困群众文化自觉和文化自信,帮助农民树立进取、向上的新道德风尚,提高贫困群众文明素质。帮助贫困群众立志,贵州省重视发挥党员干部的示范带头作用。党员积极响应党组织号召,自觉学习,自觉实践,主动投入脱贫攻坚工作之中去。同时,改进帮扶方式。在党员的引导下,贫困地区的贫困群众逐步改变了认识,早日脱贫的信念进一步增强,共同致富的发展信心也得到强化,也树立起了自力更生和勤劳致富的观念。

织金县围绕党建扶贫助立志工作,探索出一套有效的工作方法,具有较强的示范意义。围绕脱贫攻坚,该县基层党组织以建立优质公共资源下沉机制带动脱贫攻坚,增强群众脱贫信心,创造了"五分"工作法,即分类摸底、分类讲习、分类引导、分类保障、分类管理的党建脱贫模式。以该县惠民街道办事处为例,这个街道是织金县易地扶贫搬迁的集中安置点,距离县城 8000 米,建有住房 109 栋 5512 套,共 4814 户 22,438 人搬迁入住。在党建扶贫中,首先是有序衔接"三保",按就高不就低原则,共解决 1810 户 6530 人享受城镇低保,229 户 488 人享受农村低保,医疗、养老保险按原农村缴费标准不变,但享受城市标准,减轻搬迁群众社会保障支出,提高保障水平。其次是保障就医,规划建设卫生服务,逐户逐人建立健康档案,根据病情实现"一人一策"

治疗。家庭签约医生服务覆盖率达100%。再次是保障搬迁农户子女就学。该安置点按照就地分流原则，共解决幼儿园就学860人，转接小学2383人，中学951人。最后是强化便民服务，扶贫安置点成立了便民服务中心，筹措和争取资金1200万元，为入住居民配置4224套家具和家电用品，免费提供广电网络服务，实现拎包入住。这些工作获得贫困搬迁群众的肯定，党组织的作用得到了充分的体现。

帮助贫困群众立志，做好贫困人群的民生兜底保障。民政兜底脱贫是脱贫攻坚的重要举措。"社会保障兜底一批"需要民政部门来具体落实，做好农村低保、特困供养、医疗救助、临时救助等工作，对于帮助群众脱贫具有重要意义。在这方面，贵州逐步探索出与本地区要求相适应、较合理有效的制度体系和做法。例如，毕节市采取了组建工作专班、编制帮扶台账等措施，建立以农村低保制度为主体，以特困供养、医疗救助、临时救助等制度为补充，以灾害救助、养老服务、儿童福利、福利慈善、优抚安置、基层政权建设、社会事务、社会组织等政策为辅助的"1+3+X"民政工作助推脱贫攻坚制度体系，确保贫困乡镇、贫困村所有符合条件的对象全部纳入保障服务范围，织密织牢民政兜底保障网。2018年，该市按照"应保尽保"要求，净增3.34万名农村低保对象，全年向58.89万名农村困难群众发放低保金15.10亿元，向其中的40.65万建档立卡贫困人口发放超过10亿元，将这部分贫困人口的当年纯收入提高到3876元（农村低保标准）以上。①

扶贫不仅是一个简单的对贫困者施以物质、财物救助的过程，还是一个对精神生活进行解困的过程。围绕"扶志"，贵州省始终将帮助贫困群众解放思想放在首位，鼓励他们树立摆脱贫困的主动性和积极性。在"精准扶贫，精准脱贫"战略下，基层党组织将贫困群众的个人和

---

① 参见熊灿平：《贵州毕节 民政兜底保障助推脱贫攻坚 以黔西县观音洞镇为例》，《中国民政》2019年第5期。

家庭的精神状态作为重要的工作领域，一方面让其在扶贫政策中感受温暖，淡化贫困意识；另一方面，通过学习、教育和培训，开拓视野，切断精神穷根，营造脱贫氛围。

贵州省开展扶志立志，还重视"治贫"与"治愚"相结合，提升农村贫困群众的文化水平。对于习惯"等靠要"的和内生动力不足的贫困家庭，贵州省努力让贫困户自身"动起来"。例如，帮助其参加教育和培训，参与各种类型的帮扶项目，在培训中提高，在干中学，提高产业发展和就业能力，边干边树立信心。重建贫困群众的精神家园，让农村贫困群众更好融入现代化的新生活。①

在扶志立志的具体经济措施上，贵州省重视发挥利益杠杆作用。例如，对参与项目的贫困群众，实行差异化的分配方式，鼓励他们多劳多得，激发他们脱贫致富的能动性和积极性。在脱贫攻坚中，贵州省探索出生产奖补、劳务补助、以工代赈等方式进行正向激励机制，引导贫困群众自立自强。在扶贫项目的开展上，有的地区逐步探索资产收益的扶贫方式，改变单纯的"现金补助"式扶贫，用"股权激励"激发其脱贫动力和致富活力。贵州省各地区还立足本地实际，鼓励各类扶贫脱贫建设项目的实施主体，以按股分红、利益共享和风险共担的机制，宣传和带动将扶贫资金和承包地等入股的贫困人口，鼓励其开展多种形式的农业合作生产经营。由于利益共同体的建立，贫困户可以在参与产业发展中逐步增添信心。

（二）提升就业技能带动脱贫，加强文化扶贫

确立脱贫意识，需要破除贫困文化。贫困文化的形成，与人的生活经历有关，也与其文化价值观有关。在反贫困中必须注意提高人的素

---

① 参见吴亚东、冯金丽：《文化扶贫在构建地方文化中的意义和作用》，《企业导报》2013年第10期。

第六章 发挥各类资源优势,形成脱贫合力

质,也就是文化价值观的提升。① 在某种意义上说,文化价值观会影响贫困人口的职业技能培训认知,也与其就业竞争力成正比。毕竟,"人类的未来并不是预先由空间、能源和耕地所决定的,而是要由人类的智识(能力)发展来决定"。② 提升贫困户专业化能力,对于其摆脱贫困具有重要作用。

围绕提升专业技能,贵州省近年来在脱贫攻坚政策支持下,采取了一些针对性强、富有成效的措施。首先,定向和持续培训。对有劳动力的贫困人口进行不间断系统培训,分类建立培训档案,确保每个有劳动能力的贫困人口熟练掌握一门实用技能。其次,加强因技施培。例如,有一些地区通过组织农业技术人员及技术团队开展技术专业培训,还有一些地区通过院坝会、田间指导等方式开展生产技能培训,提升贫困农民的技术水平。最后,积极推进因产施培。组织种养能手到外地学习,培育本地"土专家""田秀才"。发挥他们的带动作用,通过他们包片服务,手把手传授农户种养知识。例如,黔西南布依族苗族自治州,就围绕技能培训开展了生产经营型、专业技能型、专业服务型等三类新型职业农民培训,构建了粮油、茶叶、蔬菜、水果、生态畜牧业 5 支农民骨干队伍。

提升搬迁农民职业技能、创业、交际和沟通、基本礼仪、抵御风险等方面的能力,有利于解决易地扶贫搬迁农民的可持续生计问题。"贫困不是单纯因为低收入造成,很大程度上是由于基本能力缺失。"③ 针对这一问题,贵州省近年来积极开展职业教育,各地区均将实用技术和

---

① 参见 [美] 奥斯卡·刘易斯:《桑切斯的孩子们:一个墨西哥家庭的自传》,李雪顺译,上海译文出版社 2014 年版,第 28—32 页。
② [美] 西奥多·舒尔茨:《对人进行投资:人口质量经济学》,吴珠华译,商务印书馆 2017 年版,第 12 页。
③ [印度] 阿马蒂亚·森:《以自由看待发展》,任赜、于真译,人民大学出版社 2002 年版,第 122 页。

创业能力作为易地搬迁扶贫的重点。在脱贫攻坚工作中，贵州深入实施"扶智计划、自强行动、造血工程"职教脱贫三项行动计划，实现职教一人、就业一个、脱贫一家。同时，贵州省还组织开展就业扶贫工作，推动百校扶贫基地面向贫困地区开办全免费订单就业精准脱贫班，通过开展特色培训、农村实用人才培训、职业技能学历教育及培训等，大力提高贫困农户实用技能水平。另外，贵州省还积极推动针对贫困人口的技能培训，帮助搬迁贫困户依托个人条件，掌握适用的实用技术，以此提高农户自主择业、就业和创业能力，在增收能力提升基础上切断贫困代际传递。

优化社区环境，为文化扶贫助力。优化社区环境，重点是建设文化服务设施，管理好社区，实现社区治理的现代化和文明化。在雷山县观音阁社区，这一点体现得就比较明显。该社区建设完全按照省、州对易地扶贫搬迁安置点"五个体系"建设的要求，整合了"一厅一站八室两场所"，完善了办事服务配套设施。在搬迁安置点，配套建设观音阁社区综合服务大厅及办公室共300平方米，设有培训就业服务、医保服务、社区教育服务、人口管理、党务居务、社会事务、生活服务、就学服务、文化服务等办事服务岗位等10个服务岗位。配套有新时代文明践行中心80平方米，社区培训、会议室、青年儿童服务中心160平方米，社区职工和老年活动中心120平方米，警务室35平方米，图书室30平方米，卫生室60平方米，调解室18平方米，社区职工食堂160平方米，党群活动及办公室80平方米，社区居委会、网格员办公室共120平方米等功能用房及办事服务设施设备。这些措施，活跃了社区文化氛围，净化了社区环境，也让搬迁的贫困群众加强了与外部的沟通。

文化扶贫的另外一个重点领域，是针对少数民族的文化能力培训。在这方面，贵州省民族宗教事务委员会于2018年3月正式启动"决战脱贫攻坚，一个民族都不能少——全省民宗系统脱贫攻坚'双培'三年行动计划"。通过该计划,重点解决以下几个问题:少数民族群众汉语言的学习,解决少数民族汉语言障碍;易地扶贫搬迁少数民族群众语言融入问题;少数民族群众汉语言使用技能培训,助力民族地区脱贫攻坚。

在文化扶贫的具体方式上,贵州省开展摸底调查,对存在汉语言障碍的少数民族群众,建立较完备和系统的信息台账。重点提高少数民族劳动力汉语言能力,优先做好少年儿童的国家通用语言教育;通过编译双语教材、制作音频视频教学资料、办好报刊双语专栏、双语广播、双语电视节目和文艺节目以及提供手机终端等,增加汉语言和实用技能培训双语教材资料的供给。① 经过工作,拓展了语言文化培训的广度和深度,达到了较好的培训效果。

(三) 坚持扶贫与扶智相结合,大力推动教育扶贫

在脱贫攻坚中,提高贫困群众的文化程度具有重要意义。从易地搬迁的情况来看,贵州省农民的文化程度整体较低,初中及以下文化程度人数占比88.0%,他们所参加的培训大多以农业种植方面的培训为主。从长远来看,摆脱贫困需要有"物质扶贫"以及"输血扶贫",但基础性工程仍然在于教育,只有加大力度扶持教育才能从根本上解决问题。舒尔茨指出:"在现代,破坏农业社会均衡状态的最主要力量是农业中所应用的知识的进步。"② 解决贫困问题,不能仅仅注重耕地面积等物质资源的增加,更要注重劳动者素质提高所产生的巨大作用。

贵州省开展教育扶贫,具有五大特点:一是在脱贫攻坚中加大对教

---

① 参见石锦宏、杜良虎:《消除语言障碍 助力脱贫攻坚——全省2018年"双培"工作纪实》,《贵州民族报》2019年2月12日,第A1版。
② [美] 西奥多·W. 舒尔茨:《改造传统农业》,梁小民译,商务印书馆2006年版,第33页。

育的投入,将提高教育程度作为推动贫困人口转向非农就业的重要途径。发展农村教育事业才是彻底拔掉农村"穷根"、增强农民致富能力的优先选择。① "扶贫"必须先"扶智",贵州省各级领导都牢固树立教育扶贫的观念,将扶贫脱贫中基础设施建设的改善与针对"人"的扶贫结合起来。教育扶贫本质上是人力资本的建设,教育扶贫更有益于大幅度增加贫困群众收入,同时有利于打破家庭贫困的代际延续。在脱贫攻坚战中,贵州紧紧围绕教育扶贫做文章、下功夫、定方案、增投入,使经费投入的重点立足于推动教育均衡发展,帮助贫困群众解决子女教育难题,增强其战胜贫困的信心。近年来,贵州持续压缩党政机关6%的行政经费用于支持教育扶贫,在西部地区率先实现县域义务教育基本均衡发展。围绕教育脱贫,贵州还致力于加强教育基础设施,持续推进"全面改薄工程"等项目建设。围绕农村学前教育儿童和农村义务教育,大力实施学生营养改善计划,并且在农村中小学全面推进校医配置方案。"十三五"期间,在全省农村中小学实现了校医配置100%全覆盖的目标。此外,在脱贫攻坚中,贵州全省的城乡学校办学条件显著改善,全省所有乡镇均实现了公办幼儿园的全覆盖目标,义务教育学校的办学条件也得到根本性改善,为全面脱贫和从根本上脱贫奠定了长远而坚实的基础。

二是加大教育保障,重点做好易地扶贫搬迁中安置点的就学保障。在贫困地区,大力促进教育等基本公共服务的均等化和标准化;在易地搬迁中,从项目开始启动就同步规划学校和教学点,重点建设配套教育设施,挂牌督战易地扶贫搬迁集中安置点配套学校的建设,保证建设进度和施工质量,保障安置点子女有学上、上好学。以平塘县为例,2016—2019年,该县已建成7所易地扶贫搬迁安置点配套学校。截至

---

① 参见张永军:《扶贫的关键在于"扶文化"》,《西部大开发》2015年第4期。

第六章 发挥各类资源优势，形成脱贫合力

2020年9月，全县已为7所安置点配套学校配备教师1173人，培训安置点配套义务教育学校教师2000余人，累计安排搬迁户子女就学5483人。

三是紧盯控辍保学重点任务，对建档立卡贫困户义务教育阶段适龄儿童、少年失学辍学工作开展五轮全覆盖摸底排查，在全国率先制定实施《控辍保学劝返复学工作指南二十条》，建档立卡贫困家庭失学辍学学生保持动态清零。率先实施教育精准扶贫学生资助政策，累计投入教育精准扶贫学生资助资金71.88亿元，资助建档立卡贫困学生228.31万人次，保障建档立卡贫困学生直接按资助标准免费无障碍入学。对贫困人口加大控辍保学力度的重点，是依靠严格排查和监测，精准掌握控辍保学各种情况，从而实现及时预警和及时化解。如平塘县在"教育扶贫"工作中，就探索出"五查""四对比"等工作机制。"五查"就是查公安人口系统、查学籍信息系统、查扶贫系统、查残疾人系统、查实际在校生。"四比对"就是用户籍数据、扶贫系统数据、残疾人系统数据与学籍数据比对、与实际在校生比对。这些措施，有力保障了贫困农户的子女有学上、上好学。

四是加大对贫困地区学生的资助。近年来，贵州省逐步加大贫困学生的资助力度，同时减轻了贫困农户的教育负担。如平塘县近三年对学前阶段的资助共计86,024人次、资助资金3331.1346万元；义务教育阶段资助共计541,047人次、资助资金20,956.42万元；高中、中职、大学教育精准扶贫资助12,238人、资助资金2867.434万元；2020年，共完成普通高中1805名建档立卡学生教育精准扶贫资助发放171.475万元；学前至大学社会资助5941人次、资助资金1451.646万元。各级各类资助共同发挥助学作用，实现"应助尽助"。

五是推进"组团式"教育帮扶。教育扶贫是斩断贫困代际传递的根本之策，也是"扶志""扶智"最根本、最有效的手段和措施。组团

式教育帮扶，是具有中国特色的教育扶贫之策。以胶州与镇宁县开展的教育帮扶为例，自2016年起，胶州市每年专门派出一支由9名支教老师组成的教师团队，以一年为周期扎根镇宁山区学校支教，开展胶州教育"组团式"帮扶。截至2020年，胶州市已累计派出多名教师到镇宁支教，在镇宁县民族中学开设"胶州班"，教育教学取得了显著的效果。此外，镇宁县民族中学还与胶州一中以"顶岗交换"的方式让两校老师进行深层次学习。胶州对镇宁县的教育帮扶，不仅有利于提高教育教学质量，还有利于教师的成长，为镇宁县教育事业的永续发展注入了强劲动力，打造了教育帮扶的新样板。

第七章

世界减贫史上的"贵州印记"及其历史贡献

第七章 世界减贫史上的"贵州印记"及其历史贡献

2020年11月23日,贵州省最后9个贫困县宣布退出贫困县序列,全省923万名贫困人口全部脱贫、9000个贫困村全部出列、66个贫困县全部摘帽。经过长期的奋斗和艰苦的脱贫攻坚战,消除了绝对贫困和区域性整体贫困。在脱贫攻坚战中,贵州全省建档立卡户人均纯收入由2015年的2803元增加到2020年的9975元,年均增幅28.9%。工资性收入和生产经营性收入占比逐年上升,转移性收入占比逐年下降,自主脱贫能力稳步提高。贫困群众"两不愁"质量水平明显提升,"3+1"保障突出问题总体解决,整体实现了学有所教、病有所医、住有所居,实现从解决温饱、总体小康到全面小康的历史性跨越。党的十八大以来,贵州省减贫速度之快和减贫人数之多,是史无前例的,在世界减贫史留下了深刻的"贵州印记"。贵州脱贫攻坚中的实践探索与巨大成就,是中国全面建成小康社会的一个地区缩影,为探究全面建设社会主义现代化国家新征程的内在规律性提供了新的实践性素材和理论要素。中国特色社会主义的制度优势和习近平总书记精准脱贫重要论述引领下的反贫困理论创新,为贵州摘掉"千年贫困"标签的宏大历史实践奠定了成功的基础。作为经济基础薄弱、土地资源短缺、多民族杂居、现代产业相对落后的欠发达地区,贵州省面临的脱贫攻坚难题是全方位的,所应对的挑战可以说是"世界级"的。贵州是全国贫困人口最多、贫困程度最深、攻坚难度最大的省份,是全国脱贫攻坚的主战场,取得的成就也是"世界级"的,充分显示了中国减贫脱贫的制度优势和国家治理优势。贵州脱贫攻坚的实践,对践行习近平总书记关于摆脱贫困的思想,对总结中国反贫困事业的历史经验,具有重要的参考价值。

一、发挥政治经济文化优势组合效应的脱贫攻坚模式

探索具有自身特点的脱贫攻坚模式,使之与中国政治经济文化优势相贯通,是贵州减贫脱贫的重要历史经验。共同富裕是中国特色社会主义的本质要求,脱贫攻坚中国反贫困历史道路中的关键性阶段,是扶贫开发到脱贫致富的转换点。习近平总书记多次指出:"如果贫困地区长期贫困,面貌长期得不到改变,群众生活长期得不到明显提高,那就没有体现我国社会主义制度的优越性,那也不是社会主义。"① 脱贫攻坚模式的实施,离不开中国独有的政治制度优势,也离不开中国特色社会主义经济制度的优势。

(一)贵州脱贫攻坚模式与中国特色社会主义政治优势的统一

中国特色社会主义的最大政治优势是中国共产党的领导;中国特色社会主义最本质的特征是中国共产党的领导。在脱贫攻坚中,发挥党的领导核心作用,在党的领导下全面推进脱贫攻坚,是贵州省脱贫攻坚始终坚持的基本原则和政治方向。党中央把脱贫攻坚摆在治国理政的突出位置,把脱贫攻坚作为全面建成小康社会的底线任务,纳入经济社会发展全局进行部署,组织开展了声势浩大的脱贫攻坚人民战争,出台一系列超常规政策举措。习近平总书记率先垂范、身体力行,激励全党全国各族人民奋力攻坚。他对贵州各族人民的深情厚谊,对贵州事业发展的热切期望,对贵州党员干部的殷切嘱托,为贵州省打赢脱贫攻坚战提供了根本指引,注入了强大动力。

在贵州省的脱贫攻坚中,省委带领全省干部群众深学笃行习近平总

---
① 中共中央党史和文献研究院编:《习近平扶贫论述摘编》,中央文献出版社 2018 年版,第 5 页。

第七章 世界减贫史上的"贵州印记"及其历史贡献

书记重要指示批示精神,把党的领导贯穿脱贫攻坚全过程。在中央领导下,贵州省党委和政府部门主动担当,以历史责任感和使命感为基础,勇于进取,积极作为,发挥了我国应有的政治优势,体现了党和政府在脱贫攻坚中的主导作用。正是由于党的领导,脱贫攻坚中的一系列重大部署才能下沉到基层;一些与贫困群众利益直接相关的措施,如贫困人口的建档立卡、社区网格化管理等,才能下沉到社区和农户。围绕脱贫攻坚,贵州省自上而下建立了由党政主要负责同志任"双组长"的扶贫开发领导小组,严格落实省负总责、市县抓落实的工作机制,每年签订脱贫攻坚责任书,层层传导压力,确保脱贫攻坚责任落实到位。围绕加强组织力做文章,形成共识和合力,也形成动力和压力,最终催生出脱贫攻坚的战斗力。贵州省在脱贫攻坚中所体现的中国特色社会主义政治制度优势,不仅在于党的全面领导,还在于我国的举国体制,东西部协作扶贫、社会合作扶贫开发等一系列重大工程,这些均在贵州省脱贫攻坚中发挥了巨大推动作用。贵州省还创造性地总结出"五级书记"一起抓、党建促脱贫、全员动员促攻坚等经验,把基层党组织建设成为带领群众脱贫致富的坚强战斗堡垒。事实充分证明,中国共产党具有无比坚强的领导力、组织力、执行力,是团结带领人民攻坚克难、开拓前进最可靠的领导力量。

(二)贵州脱贫攻坚模式与中国特色社会主义经济制度优势的结合

中国特色社会主义的经济制度优势,主要在于三个方面:一是公有制为主体、多种所有制经济共同发展的所有制结构,及其所发挥出的促进生产力发展、带动人民群众增收脱贫的巨大潜力。二是按劳分配为主体、多种生产要素共同参与分配的社会主义初级阶段的分配制度。这种制度鼓励劳动脱贫、勤劳致富,鼓励发挥不同资源在经济发展中形成的合力。三是发挥市场在资源配置中的决定性作用,同时更好发挥政府作用的社会主义市场经济体制。这种经济体制既遵循客观经济规律，又符合社会主义建设规律，适应了经济社会发展的客观要求，适应了人民群众脱贫致富的需要，能够得到广大贫困群众和社会各界的共同支持。贵州省带动贫困群众脱贫攻坚，始终以坚持和完善农村基本经营制度为方向。完善农村基本经济制度的根本基础和基本立足点，是坚持农村土地的集体所有，使土地的公有属性得到巩固，真正成为造福于贫困农民的"根"。在脱贫攻坚中，贵州始终坚持农户的家庭经营基础性地位，坚持稳定土地承包关系，从根本上保证了贫困群众的基本利益，引导其从奋力脱贫逐步走上共同致富的道路。贵州省在脱贫攻坚中探索出的"三变"改革模式，从利益机制的调整入手，带动资源使用机制的改革，最终实现盘活农村集体和农民个人资产的目的，这是在新时代条件下对我国农村基本经营制度的补充和进一步拓展，有助于促进农村的繁荣和农民的增收。

遵循市场在资源配置中的决定性作用这一客观经济规律，同时也充分发挥政府的作用，是社会主义市场经济体制的巨大优势，还是贵州省开展脱贫攻坚战所始终遵循的基本立场。无论是在经济发展、产业规划、农户增收、生态环保上，还是在就业就职、医疗卫生、教育培训、社会保障、社区生活上，贵州省都是依托社会主义市场经济的优势，既重视提升微观主体动力和活力，又重视政府兜底托底的保障作用，还重视政府规划、引导和支持功能的充分发挥。以就业带动脱贫为例，贵州省在脱贫攻坚中出台了一系列促进贫困劳动力就业、鼓励创业带动就业的政策措施。例如，在扶贫就业的信息化管理和服务上，贵州省全面建成"一卡一库一台账"，建立了全省劳务就业扶贫大数据平台，对"贫困劳动力数据库"和"岗位开发数据库"进行动态联动管理，推动了人岗精准匹配，助力贫困人口在就业方面得到帮助。在推动贫困人口的就业渠道上，贵州省积极引导贫困劳动力到十二大农业特色产业、十大工业产业、服务业创新发展十大工程就业。依托贵州经济社会发展的新要求和市场经济的需要，贵州省按照"总量控制、适度开发"原则，探索就业援助和贫困户就业岗位设置新模式。例如，从江的"护路员"就业援助补贴岗位、毕节的"十大员"公益性岗位等，合理开发公益性岗位，保障特殊困难群体就业。贵州省还大力强化东西部劳务协作，在对口帮扶城市和黔籍务工人员较为集中地区建立省、市、县三级劳务协作站（点）。这些措施，大大推动了贫困农户就业难题的解决，为贫困人口脱贫创造了条件。2020年，为应对新型冠状病毒肺炎疫情的冲击和经济下行的影响，贵州省更是把贫困劳动力务工就业摆在特别突出位置，出台了《关于进一步加强劳务就业扶贫工作的实施意见》，通过"八个一批"措施，增加岗位43万个，确保建档立卡贫困户、易地扶贫搬迁户和边缘户劳动力充分就业。同时，通过组织专列、专厢、专车等方式帮助贫困劳动力有序返岗，与杭州、广州、宁波等重点城市签订稳岗就业协议，防止出现大规模务工人员"回流"。经过努力，2020年全年贫困劳动力外出务工320万人，相当于上年外出务工数的105%。贵州围绕就业脱贫的系列做法，得到有关领导的充分肯定，使广大贫困务工人员真正得到了实惠。

在贵州的脱贫攻坚中，中国特色社会主义的政治制度优势与经济制度优势是内在统一的，它们在脱贫攻坚中共同发挥不可或缺的重要作用。坚持和加强党对农业农村工作的全面领导地位，必须始终坚持和执行党的农业农村政策。贵州省在脱贫攻坚中，正是贯彻了这一根本原则，始终将脱贫攻坚放在贯彻党的方针政策的大局下来进行，依托社会主义经济制度来实施。始终将维护和巩固农村基本经营制度作为带动农民致富的重要前提，帮助贫困农民通过自己努力改变贫困面貌。贵州省在脱贫攻坚方面有很多先行先试的经验和独特的做法，但这些试点的开展和措施的实行，都严格按照中央的部署认真执行，都立足于我国社会主义经济制度的内在优势。如易地集中搬迁脱贫的试点和统一展开，是依靠我国农村土地集体所有制和城镇土地公有制来进行的，这大大减少了搬迁过程中的社会成本和农户个人承担的成本。贫困农户所在地的基础设施建设、产业结构调整和大量脱贫项目的启动，都是在政府主导下进行的，避免了自由市场经济下的无序性和低效性。

(三) 贵州脱贫攻坚模式与中国优秀传统文化基因优势的贯通

贵州的扶贫开发和脱贫攻坚模式，注重与中国传统文化优秀基因的契合，发挥了文化凝聚脱贫共识的独特作用。中国特色社会主义的文化优势与中国优秀传统文化的核心元素密切相通，主要体现在对国家和集体主义的认同，对于共同体思想的认同。中华传统文化中的"民本""民富""民生"思想，蕴含着丰富而深刻的哲理，是中国社会治理的基本准则。中国传统文化中的"仁爱""并耕而食""大同"等思想观念和价值理念，是中国人的理想追求、精神家园。这些传统文化的精髓，是习近平总书记精准扶贫思想的历史渊源和深厚文化基础。借助这些传统文化的基因，可以使干部群众更容易在脱贫攻坚中形成共识，更有利于政府积极主导贫困识别和贫困干预。

贵州省在脱贫后续扶持政策措施的衔接上，从长远考虑，将新型农村社区建构提前布局，重视发掘搬迁群体自身的"文化底蕴"，充分证明"精准扶贫思想是一套治国理政的行动理论，它不是为了解释世界，而是为了改造世界"。① 作为贵州脱贫最终成果的"新型移民社区"，不仅是物质层面意义上被改造的客观世界，而且是在精神和文化层面被改造的"世界"的载体。

---

① 檀学文、李静：《习近平精准扶贫思想的实践深化研究》，《中国农村经济》2017年第9期。

第七章 世界减贫史上的"贵州印记"及其历史贡献

二、内嵌于经济社会发展规划的脱贫攻坚目标化管理

脱贫攻坚不是一项孤立的工作，而是贯穿于经济发展过程之中的。脱贫攻坚要取得成功并持续发挥带动贫困人口走向现代化的历史作用，必须也只能将自身融合于经济社会发展的长远规划。习近平总书记指出："在整个历史发展进程，在一个经济落后地区发展进程，都应该不追慕自身的显赫，应寻求一点一滴的进取，甘于成为总体成功的铺垫。"① 总之，解决贫困地区贫困人口的贫困问题，既不能听之任之、置之不理，又不能盲目乐观、操之过急，要有计划、有步骤、有安排地稳步推进。

（一）"突出重点，统揽全局"的脱贫攻坚模式

坚持以脱贫攻坚统揽经济社会发展全局，是贵州省脱贫攻坚取得历史性成就的重要基础。在推进脱贫攻坚中，贵州省始终把脱贫攻坚作为经济发展、改善民生的出发点和落脚点。在思想上确立脱贫攻坚的统揽地位，坚决把脱贫攻坚作为最大的政治、最重的任务和最严的责任，坚持立场导向、目标导向和结果导向，坚持使尽全力、形成合力，务求精准脱贫、如期脱贫。用脱贫攻坚统一各级政府和部门的行动，把脱贫攻坚与实施乡村振兴战略、推动高质量发展、促进城乡协调发展、保障和改善民生等工作相互融合、统筹推进，做到脱贫攻坚和各方面工作都有新进步。从实践来看，贵州省的农村"组组通"硬化路极大便利了农民群众的出行，改善了城乡物流条件，为进一步发展奠定了坚实基础。通过开展农村产业革命，贵州贫困群众的增产增收上了新台阶，促进农

---

① 习近平：《摆脱贫困》，福建人民出版社1992年版，第157页。

村经济优化升级。易地扶贫搬迁总投资1000多亿元，使整体搬迁区域的农村群众普遍受益，极大加快了贵州省的城镇化进程。推动教育医疗住房"三保障"的落实，使贵州的农民群众普遍得到实惠，社会事业进一步提升。与此同时，贵州省内脱贫攻坚任务不重的19个非贫困县，一方面狠抓脱贫攻坚；另一方面把更多力量放在加快高质量发展上来，涵养更多财源，提供更多税收，创造更多就业机会，形成更多增长点，为贵州全省范围的易地就业扶贫、易地产业扶贫拓展了更大空间。

用规划引导扶贫脱贫、用规划规范扶贫脱贫、用规划约束扶贫脱贫，是贵州省脱贫攻坚中始终坚持的一个重要原则。从社会发展角度来讲，贵州易地扶贫搬迁是在中央政策指引下的执行结果，必然符合中央的部署和政策目标。易地扶贫涉及移民安置和大量的人口流动，因此，必须保障社会稳定、有序实现社会建设目标。① 扶贫开发和脱贫攻坚是具有系统性、体系性、综合性的重大工程，涉及经济、政治、文化、社会、生态文明等主要方面，贯穿于经济社会发展各个领域。贵州省的主要经验是树立目标导向，以规划理顺参与各方关系，以规划协调各方行动，实现优势互补与资源集聚，利用经济社会发展规划的联合机制优势充分发挥整体合力，最大效能地达成精准扶贫和脱贫的实际成效。

在脱贫实践中，贵州省重视全社会的广泛参与和共同应对，发挥体制优势，通过规划将省—市—县—乡不同层面的脱贫目标融入经济社会发展目标中，建多方协调联动扶贫开发格局，做好任务分解和责任划分，强化细化落实和督促检查。与此相应，贵州省在脱贫攻坚中同步提出实现构建"三位一体"（专项扶贫、行业扶贫、社会扶贫）大扶贫格局的目标。

---

① 参见高汝仕：《短期和长远相平衡：贵州易地扶贫搬迁可持续性的合理化政策》，《山西经济管理干部学院学报》2020年第1期。

第七章 世界减贫史上的"贵州印记"及其历史贡献

(二)"整体筹措,渐进调整"的目标化管理方式

贵州省高度重视根据脱贫目标,对脱贫工作中的扶持政策进行整体规划和筹措。2017年,贵州省委、省政府就明确要支持贫困地区大力发展现代农业、民族手工业、乡村旅游等特色产业和农村电商,发展壮大一批扶贫产业园区。贵州省还提出,对符合国家和省相关政策、规划,有条件在贫困地区加工转化的能源、资源项目,优先在当地布局。针对集体经济发展滞后、带动脱贫能力弱的情况,贵州省明确提出要壮大贫困村的集体经济实力。对于能够带动贫困村集体经济发展的组织,如合作社、龙头企业、专业大户等,均给予扶贫贷款等方面的倾斜扶持。同时,为了增强贫困村集体经济发展的能力,对用地需求也优先给予保障。

在目标化管理上,贵州省围绕脱贫攻坚,坚持以总体目标为导向和基础,因村、因户、因人分类施策原则,确保精准扶贫的落地和实现。例如,在产业扶贫上,贵州既坚持做大有基础的产业,又有目标、有计划地培育有潜力的产业。为推动农村产业革命向纵深推进,贵州省以"八要素"为核心要求,大力推动传统农业向现代农业"六个转变"。专门设立了目标分解制度和主要领导干部的领衔责任制,即12位省领导领衔推进,每位省领导领衔推进一个农业产业,持续推进规模化、标准化、品牌化发展。这一做法,既从整体上确立了农村产业革命助力脱贫的目标定位,又在内部的有机衔接机制上强化了分类指导和责任制度。作为配套支持政策,贵州省还积极推进农产品进学校、进机关、进军营、进医院、进企业、进社区、进超市,使省内公共机构对贵州农产品采购率达75%以上,极大地拉动了对本地贫困地区的农产品消费。贵州还大力发展政策性保险,制定保底价格收购农产品等措施,让农民群众特别是贫困群众遇到自然风险和市场风险也能获得稳定收入。由于

目标清晰、责任明确、落实到位，贵州省在茶叶、辣椒、李、蓝莓、太子参、金钗石斛等作物上的种植面积大幅跃升，目前均已经位居全国第一，使农村产业革命取得丰硕成果，带动了农户整体脱贫。

根据经济社会发展要求，贵州省不断调整预期目标，通过基层实践不断充实任务内容，使脱贫攻坚的内涵越来越丰富，脱贫路径越来越宽广。近年来，贵州省根据本地特殊的地形地貌、贫困人口分布和经济社会发展特点，创造性地探索了坚持省级统贷统还、坚持以自然村寨整体搬迁为主、坚持城镇化集中安置、坚持以县为单位集中建设、坚持让贫困户不因搬迁而负债、坚持以产定搬以岗定搬"六个坚持"的易地扶贫搬迁路径，实施了全国最大规模的易地扶贫搬迁，全省"十三五"时期累计建成易地扶贫搬迁安置项目949个、安置住房46.5万套。从搬迁一开始，就高度重视群众搬迁出来的后续扶持工作，制定《中共贵州省委 贵州省人民政府关于加强和完善易地扶贫搬迁后续工作的意见》及7个配套文件，全面推进基本公共服务、培训和就业服务、文化服务、社区治理、基层党建"五个体系"建设，做好后续扶持"后半篇文章"。全省易地搬迁后续扶持实现了"10个100%"，即集中安置区100%覆盖教育配套设施；100%覆盖医疗卫生服务；100%实现搬迁劳动力一户一人以上就业；100%开展搬迁群众感恩教育活动；100%开通多彩贵州"广电云"信号；100%设立综合服务中心；100%设立基层党组织；1万人以上集中安置区100%设立街道办事处；200个3000人以上集中安置区100%设立警务室；集中安置区100%实现建档立卡搬迁群众脱贫。2019年4月，全国首次易地扶贫搬迁后续扶持工作现场会在贵州召开，总结推广贵州经验做法。这样，贵州易地搬迁工作在工作安排上就形成了整体化、系列化、协调化和合理化的制度体系，确保了助力扶贫脱贫的功效。

从脱贫工作的方法论来看，易地搬迁模式的探索具有非常重要和积极的意义，因为它体现了中国在改革推进中集中指导、上下互动、基层试点和逐步推广的独有做法和中国智慧。关于易地扶贫搬迁，1994年4月15日国务院印发的《国家八七扶贫攻坚计划（1994—2000年）》中曾强调"整村推进"，进入"精准脱贫"阶段后鼓励易地整村搬迁，尽管易地扶贫搬迁的方式一直存在，但一直没有作为主要方式而推广。贵州省的经验被总结后，易地扶贫搬迁在国家精准脱贫"五个一批"专项扶贫中的地位才发生了改变。正是由于贵州省在整村易地搬迁扶贫脱贫上的可贵探索，为我国极度贫困地区的脱贫攻坚提供了成功的基层经验，从而才使这一做法由一般经验上升为重要经验，成为打赢脱贫攻坚战的"头号工程"。① 应当说，贵州省的扶贫开发试点和脱贫经验为全国开展脱贫攻坚提供了宝贵的借鉴。

三、遵循产业发展内在规律的脱贫路径

扶贫开发和脱贫攻坚任务的顺利完成，归根结底还是要靠经济发展，靠实体产业的壮大来解决。因此，遵循产业发展规律的要求，就成为贵州省开展脱贫攻坚时面临的一大难点。在大量农村人口、农村剩余劳动力普遍存在的情况下，单纯地发展传统农业不能适应脱贫攻坚和农村可持续发展的需要。"农业不可能让农民致富是一个常识。在农村人口不可能快速减少的情况下，要让农民依靠农业致富，是根本不可能的。农民不能通过农业致富，这是结构问题。"② 由于地理区位和资源约束的制约，贵州省经济发展起点低，经济腾飞起步晚，突出体现在贵州省的产业结构上：农业人口多，农业比重大，现代农业和特色农业经

---

① 参见汪三贵、殷浩栋、王瑜：《中国扶贫开发的实践、挑战与政策展望》，《华南师范大学学报》（社会科学版）2017年第4期。
② 贺雪峰：《最后一公里村庄：新乡土中国的区域观察》，中信出版社2017年版，第248—249页。

济成分相对缺乏。在三个产业方面,第二、三产业比重特别是第三产业发展滞后,严重影响了贫困人口的脱贫。

(一) 以稳农兴农为本带动脱贫

遵循产业发展的客观规律,首先就是要稳定农业。习近平总书记强调:"'靠山吃山唱山歌,靠海吃海念海经',稳住粮食,山海田一起抓,发展乡镇企业,农、林、牧、副、渔全面发展。"① 从稳定农业出发,贵州省在脱贫攻坚中,坚持以产业升级为导向,积极发展现代农业生产体系、现代山地农业体系、现代特色生态农业体系,使之成为脱贫致富的突破口。全省各地均依托自身资源特点,合理规划农业和林、牧、副、渔业的比例关系,重点发展茶叶、水果、山菌、中药材等具有贵州地方特色和品牌效应的产品,推动农业产业结构优化和升级,使贫困农户能够依靠自有资源和自身努力脱贫。由于坚持以农为根,重视以粮为本,贵州省始终能够正确处理好脱贫中自力发展与外部帮扶的关系,科学地把激发内生脱贫动力作为解决贫困问题的主要因素和主导力量。

发挥扶贫政策作用,引导贫困农户遵循产业发展规律。贫困农户在选择产业和产品时,往往具有思维惯性,对市场结构的变动和需求的变化不敏感,导致其经济行为难以帮助脱贫。在某种意义上看,由于缺乏土地、资本和农民家庭近乎为零的机会成本,贫困户的生存伦理奉行着"安全第一"的原则,他们处于生存边缘,在选择农业生产制度和相关技术时,往往只能被动地选择"最安全的"而非"最高效的"农业耕作制度、农业耕作技术等资源利用和配置方式。② 针对这一现象,贵州

---

① 习近平:《摆脱贫困》,福建人民出版社1992版,第6页。
② 参见[美]詹姆斯·C.斯科特:《农民的道义经济学:东南亚的反叛与生存》,程立显、刘建等译,译林出版社2013年版,第16—28页。

省出台了各种针对性政策和文件,一方面要求和引导贫困农户改变种植品类、品种和耕作技术;另一方面以政策性资金补助、资金帮扶、企业合作、技术扶持等,帮助其在生产中适应产业产品结构的变化,改变种植方向、规模和结构,寻求更高经济效益和更有市场前景的农业产品,进而在经营中实现更大利益,达到脱贫的目的。

(二)以脱贫为中心积极推动农业变革

围绕脱贫工作的开展,贵州省委鲜明地提出要来一场振兴农村经济的深刻的产业革命,把农业供给侧结构性改革、农村经济结构调整与产业扶贫有机结合起来。重点是围绕产业选择、培训农民、技术服务、资金筹措、组织方式、产销对接、利益联结和基层党建"八要素"做好做足文章。在发展目标上,明确以坝区提质增效和坡耕地结构调整为重点。在供给侧结构性改革的重点突破口上,主要选择茶叶、食用菌、蔬菜等12个具有相对竞争优势的本地特色优势产业,遵循了改造传统农业的市场经济内在规律。这些规律主要体现在六个方面:一是改变自给自足的落后发展状态,强调本地特色产业对现代市场经济的适应性;二是突出竞争导向,改造主要种植类别为低效作物的状态,大力推动高效经济作物的布局和种植;三是重视规模效益,实现产业发展从粗放量小向集约规模转变;四是坚持系统发展观,突出流通业和农业生产的互动,用现代商贸物流改造"提篮小卖"传统物流,带动现代农业发展;五是改造传统孤立封闭的生产状态,从村民"户自为战"向形成紧密相连的产业发展共同体转变、从单一种植养殖向一、二、三产业融合发展转变,农业农村经济加快发展。

(三)推动脱贫与产业发展有机结合

贵州省脱贫工作中对产业发展规划的遵循突出体现在易地扶贫搬迁

上。产业发展是保障搬迁群众就业增收和后续发展的动力支撑,加大产业培育力度,才能增强扶贫搬迁群众的就业增收能力。在易地扶贫搬迁工作中,贵州省坚持以安置点的产业发展规划为先导,前瞻性地落实后续产业发展安排,包括重大项目、重点工程、空间布局安排以及行动计划等,使产业项目能够精细精准落地。在产业布局上,贵州省重视发挥区域内主导产业的带动作用,围绕主导产业优势做脱贫文章,发展与主导产业相关的加工、运输、零售业,通过延长产业链让贫困户参与产业分工,解决搬迁农户的就业和增收。贵州省还打通产业规划与扶贫规划在考核过程中的隔离,建立了扶贫产业项目与贫困户增收挂钩考核和检查机制。

在推动脱贫与产业发展的结合方面,贵州省高度重视培育新型农业经营主体,增强帮贫带贫能力。深度贫困地区的农户市场意识欠缺,观念相对保守,且产业发展资金缺乏,只有培育好新型农业经营主体,才能有效带动贫困农户增收脱贫,实现产业精准扶贫。贫困群众的收入来源根本上来说是靠产业,产业的做大做强是贫困农户的收入稳定器。在产业脱贫上,要确保贫困户收入的稳定和可靠,就必须整合贫困户各类资源,采取扶贫资金(土地)入企、入社的方式,建立贫困户增收长效机制。① 在具体实践中,贵州省根据贫困地区的具体情况,吸引龙头企业和合作社等参与农业产业化经营,招商引资,采取股份合作、联合经营等方式,遵循产业发展壮大的规律,放大扶贫资金的脱贫效应,同时在帮助贫困户脱贫方面起到显著成效。

四、依托供给侧结构性改革的脱贫攻坚方略

脱贫攻坚是一项具有战略性和约束性的历史工程,是全面建设小康

---

① 参见王春蕊:《易地扶贫搬迁困境及破解对策》,《河北学刊》2018年第5期。

社会的根本要求。打赢脱贫攻坚战，离不开政治上的站位、职责上的使命感和工作上的责任心，更离不开科学合理的方法和符合客观经济规律的具体政策措施。从脱贫攻坚的主线和方法论来看，以发展生产为先导、以提高生产效率为中心带动贫困群众脱贫，核心是要抓好供给侧方面存在的短缺和不足，即使对于受到政策和资金重点关注的扶贫搬迁也是如此。毕竟，"扶贫搬迁不仅仅要考虑需求，更要考虑可供给的资源，即在搬迁的终端有没有可供开发的空间，通过资源的重新配置，增加可利用的资源"。① 从生产决定消费和分配的观点及劳动创造财富的立场来看，供给侧结构性改革可以从根本上触及贫困人口的贫困根源，使贫困户通过自身发展改变自身命运。

（一）加大扶贫脱贫的要素供给，推动脱贫攻坚

贵州省是较早将脱贫工作与供给侧结构统筹安排的省份之一。2015年11月，在中央财经领导小组会议上，决策层第一次提出"着力加强供给侧结构性改革，着力提高供给体系质量和效率"。2016年1月，中央研究制定供给侧结构性改革方案。2017年，贵州省委、省政府就及时下发了《关于深入推进农业供给侧结构性改革 加快培育农业农村发展新动能的实施意见》。回顾贵州脱贫攻坚的历史进程，可以看出，用改革催生内生发展动力，是贵州省脱贫攻坚的一个鲜明特点。近年来，贵州省紧紧按照中央的要求，坚持在脱贫攻坚中更加突出制度性供给的作用，以供给侧结构性改革的主线为标准，出台脱贫攻坚政策和方案。

从经济发展的供给角度来看，在高素质劳动力、土地、资本、技术等要素方面，贵州省的供给能力相对不足，但普通劳动力、生态要素、特色文化和资源相对充足，可其创收和促进发展的潜力挖掘得不够，现

---

① 王晓毅：《易地扶贫搬迁方式的转变与创新》，《改革》2018年第8期。

代农业优势和山地特色产业优势未能充分发挥。这些要素是贵州省确定扶贫脱贫路径的基础，在很大程度上决定着扶贫产业的供给质量。

为此，贵州省从实际出发，以供给侧结构性改革推进脱贫攻坚，采取了一系列具有创新性的做法。一是将农业供给侧结构性改革作为脱贫的主战场之一，将农业生产增效、农村生态增值和农民生活增收结合起来。调整农业生产结构，促进农业的规模化、农产品的品牌化和市场占有率的提高化。重点是推进产业精准扶贫，发展和提升现代山地特色高效农业，改变偏重依赖资源消耗的粗放生产方式，使农业生产转向优质、绿色、生态、可持续的集约化生产。二是调整优化农业区域布局，优化产品产业结构调整，推进粮经饲种植结构调整，积极发展特色经济作物，加快发展生态养殖业，全面促进农业提质增效，带动贫困人口脱贫。三是促进农村一、二、三产业融合，深化发展农产品加工业和食品产业，加快发展休闲农业，提升和壮大乡村旅游业，推动农业园区提档升级，积极扶持农产品电商业发展，壮大新产业新业态，使贫困人口能在产业结构调整中获益，在延长农业产业链价值链中带动贫困人口转向二、三产业领域，实现脱贫。四是加强重大生态工程建设，进一步加强农业生态保护和环境治理，推进农业清洁生产和提倡绿色生产方式。贵州省还提出，将绿色农产品"风行天下"行动作为重要突破口，制定专项行动方案，全方位提高全省绿色生态环境资源和绿色农产品种质资源的开发利用水平，大规模增加绿色农产品供给，多形式、多渠道、多途径、广范围开展绿色农产品营销，特别是瞄准消费水平高的北上广和对口帮扶城市开展定向营销。①

---

① 参见金艾、游正兰：《推进农业供给侧结构性改革，培育农业农村发展新动能——2017年省委一号文件解读》，《贵州日报》2017年4月14日，第5版。

(二)理顺利益关系,发挥各类经济主体扶贫作用

推进供给侧结构性改革带动脱贫,关键是要发挥各类经济主体的作用。政府、企业和经济经营个体,均是供给侧结构性改革不可缺少的参与主体,但贵州省始终明确,政府在其中要起主导作用。就产业扶贫而言,在市场和产业尚未成熟之前,政府短时间内代替市场主体发挥作用,有时是必要的。① 在面向脱贫攻坚的供给侧结构性调整中,贵州各级政府均自觉地承担引领、规划和调节等主要角色的作用。围绕调动企业和经济个体的主动性,贵州省始终坚持让他们在供给侧改革中成为受益者的原则。凡是承担着扶贫产业的要素供给单位或经营主体,无论是农户个人、大户还是农村合作社,也无论是政府、村集体还是企业,均创造各种条件,力争让其在参与中受益,为产业发展并为构成扶贫脱贫基础提供必要的保障。以供给侧结构性改革推进脱贫攻坚,贵州省特别注重构建与基层经济组织和农户的利益联结机制,发展"农户+"的产业扶贫模式,改善和扩大供给。贵州省还通过"互联网+"等产业发展来带动资源配置的优化,推动劳动力、资本、技术和土地等供给要素量化入股,取得了长效增收的效果。

(三)加大涉贫投入,强化贫困人口脱贫保障

脱贫攻坚不仅需要正确政策和科学理念的指导,也需要坚实的物质保障。贫困人口的脱贫,只有建立在一定的物质和资金投入上,才会具有发展的可持续性,才能逐步增强贫困人口自身的发展能力,实现永久脱贫。

围绕脱贫攻坚中的涉贫投入,贵州省在资金紧、任务重、发展压力

---

① 参见厉以宁:《持续推进供给侧结构性改革》,《中国流通经济》2017年第1期。

大的情况下，高度重视其基础性的保障作用和长远的带动作用，在脱贫攻坚中千方百计、多方筹措，不断加大投入。2016—2020年，贵州全省脱贫攻坚累计各类投入资金超过万亿元。其中，财政类投入资金5811.08亿元。2019年、2020年贵州省级财政分别安排了16个深度贫困县，每县每年1亿元专项扶贫资金；2020年安排"9+3"挂牌督战县每县1亿元专项扶贫资金；2019年安排1721个深度贫困村和贫困发生率10%以上的非极贫乡镇专项补助资金17.84亿元，2020年安排1721个深度贫困村专项补助资金10.53亿元，累计整合涉农资金1094.23亿元。贵州省还利用信贷机制，扩大扶贫资金的来源和模式，优化扶贫资金的结构，巩固扶贫资金的使用效果。2020年，贵州省累计发放扶贫小额信贷500.57亿元，贷款贫困户75.94万户。同时，贵州还全面推进县级脱贫攻坚项目库建设，共入库项目10.44万个，有效解决了"钱等项目"问题。这些扶贫资金和项目的共同作用，使脱贫工作真正有了坚强的保障。

在涉贫和扶贫资金的使用上，贵州省严格管理和考核。一是健全扶贫资金公告公示制度，实现阳光扶贫；二是强化扶贫资金项目日常监管和绩效评价，开展扶贫资金专项检查和审计，建立"贵州省民生资金监督系统"，严格落实"负面清单"制度；三是建立健全扶贫资产管理制度，确保持续发挥作用。这些制度的建立和落实，保障了资金投入的使用效果，在助力脱贫攻坚中发挥了巨大作用。

五、与乡村振兴相衔接的脱贫政策和管理机制

反贫困事业是一个长期的历史过程，脱贫攻坚解决的是在现行标准下绝对贫困的问题，脱贫攻坚任务完成之后，还有一个稳固巩固脱贫成果、逐步解决相对贫困的更艰巨的历史任务。习近平总书记指出，封闭

落后的贫困山区发展"只能是渐进的,由量变到质变的,滴水穿石般的变化"。① 贵州省在扶贫脱贫中,坚持将短期目标与长期目标相结合,短期措施与长期发展相协调,注重脱贫群众后续扶持和持续发展问题,加强与乡村振兴发展远景的有机衔接。

习近平总书记强调,实施乡村振兴战略,要建立健全促进城乡融合发展的体制机制和政策体系。② 在 2017 年年底召开的中央农村工作会议上,习近平总书记指出,走中国特色社会主义乡村振兴道路,必须重塑城乡关系,走城乡融合发展之路。实施乡村振兴战略,必须大力推进体制机制创新,强化乡村振兴制度性供给。③ 这为实施乡村振兴战略明确了重点,指明了方向,提出了要求。从现实来看,乡村全面振兴的最大困难,在于市场经济条件下实现城乡之间资源要素的双向流动。贵州省大规模易地扶贫,在一定程度上促进了城乡融合,为乡村振兴打下了基础。在实践中,易地搬迁通过改善基础设施和公共服务设施,依托小城镇和工业园区提供更多的就业机会,提高贫困人口自我发展能力,实现有业可就、稳定脱贫的重任。

(一)坚持"输血扶贫"与"造血扶贫"相结合

在脱贫攻坚中,贵州坚持"输血扶贫"与"造血扶贫"相结合,为乡村经济持续发展奠定了长远基础。贵州省将扶贫开发作为脱贫致富的主要途径,在脱贫中致富,在致富中脱贫。不仅采取有效手段帮助有劳动能力的扶贫对象通过自身努力摆脱贫困,努力实现贫困人口尽快地

---

① 习近平:《摆脱贫困》,福建人民出版社 1992 年版,第 58 页。
② 参见习近平:《决胜全面建成小康社会 夺取新时代中国特色社会主义伟大胜利——在中国共产党第十九次全国代表大会上的报告》,人民出版社 2017 年版,第 32 页。
③ 参见《中央农村工作会议在北京举行 习近平作重要讲话》,新华网 2017 年 12 月 29 日,http://www.xinhuanet.com/politics/leaders/2017-12/29/c_1122187923.htm,最后访问时间:2022 年 4 月 15 日。

短期脱贫,还注重帮助他们在长期内逐步致富,使脱贫攻坚的政策效果化为乡村振兴的内在推动力。其主要经验表现在以下三个方面。

第一,在脱贫攻坚中,坚持"三农"工作全面推进。贵州省坚持稳定粮食生产,以现代农业为先导,优化农业结构,推动农业园区建设,打造新经济增长点。以扶贫重大和重点项目为载体,推动农村一、二、三产业融合发展;坚持以科技含量为标准,构建和发展"大农业"格局,推动农村产业优化升级,延长农产品的产业链,完善涉农利益链。在扶贫脱贫项目的建设和发展中,突出茶叶、蔬果、食用菌和中药材等特色产品地位,实施品牌战略,提升价值链。

第二,坚持土地制度的改革与完善,夯实乡村脱贫与振兴之基。农民与土地的关系,是农村土地改革的核心问题,也是新时代深化农业农村综合改革的重大关系。在农民与土地的关系上,贵州省保持土地承包关系稳定不变,明确土地所有权,稳定土地承包权,给农民吃"放心丸"。同时,进一步放活土地经营权。在脱贫攻坚中,贵州不断探索农村土地征收、集体经营性建设用地入市、宅基地制度改革试点,探索宅基地所有权、资格权、使用权"三权分置"。进一步完善设施农用地政策,探索利用农村闲置建设用地发展农村新产业、新业态,为乡村持续快速发展奠定了基础。在推进"三变改革"中,探索出了像"塘约经验"这样的以发展壮大农村集体经济为坚实基础的脱贫攻坚与乡村振兴有机衔接的路子,为贵州省未来农村经济的健康可持续发展开辟了无限美好的前景。

第三,脱贫与发展并重,坚持项目为本,乡镇联动。贵州省脱贫工作始终以项目为核心,按照"产业政策为先导、比较优势为参考"的原则,明确重点、找出短板,安排和编制项目,争取国家重大项目落地,争取外部项目落户本地。推动"园区景区化、农旅一体化"发展,发展生态旅游和乡村旅游,带动农村特别是山区群众共同、持续脱贫发展，实现脱贫攻坚与乡村振兴的深度衔接。

(二) 稳定贫困户扶持机制和政策体系

在某种意义上说，贫困人口的脱贫仅仅是一个阶段性的胜利，是脱贫攻坚战的上半场，贫困人口在乡村的持续发展和生活改善才是中国反贫困事业的下半场。稳定贫困户的扶持机制和惠农政策体系，对于巩固脱贫成果具有重要的作用，在这方面，贵州省坚持落实"四个不摘"要求，谋划巩固拓展脱贫攻坚成果同乡村振兴的衔接。在实践中，贵州省主要从四个方面来寻求突破：一是进一步稳定完善领导体系和政策体系；二是进一步落实和健全脱贫农户可持续发展的帮扶体系；三是健全完善防贫动态监测帮扶机制，通过动态监测，确定帮扶对象，掌握帮扶信息，制定帮扶措施；四是对脱贫农户的帮扶，更加突出产业、就业帮扶，全力做好易地扶贫搬迁后续扶持工作，持续巩固提升"3+1"保障成果，强化"扶贫"与"扶志""扶智"。

发展和致富是贫困农户脱贫之后最关心的问题，也是与其利益直接相关的最核心问题。贫困农户的发展和致富，一方面需要打开致富之门，寻求开源之道；另一方面则需要消除后顾之忧，强化基础性社会保障。在脱贫攻坚中，贵州以支农、惠农、富农、强农为根本要求，顺应农民脱贫致富的需要，建立和完善相应的涉农、涉贫政策体系。健全和完善农村社保、新型农村合作医疗制度；加强和扶持针对农户和企业的农业风险保险等制度；严格实施精准扶贫，分类帮扶，因户、因人施策和采取具体措施，确保"村不漏组、组不漏户、户不漏人、人不漏项"。这些帮扶机制和政策的建立和完善，使贫困农户享有的政策保障措施保持了稳定性和延续性，解决了乡村振兴中的短板问题。

（三）乡村建设与脱贫攻坚同步，推动城乡融合一体化发展

乡村建设关系乡村振兴的长远战略目标，关系社会主义现代化建设的大局。贵州省以易地扶贫搬迁安置为契机，在脱贫攻坚中加快推进乡村建设，为乡村振兴奠定了基础。坚持打造文明村、示范村、特色村，带动示范乡建设，以点带面。建立和完善结对帮扶和到村到户工作机制，将驻村、党建帮扶、干部帮联驻等工作与乡村振兴结合起来，重点解决好项目策划和资金筹措问题，推进乡村振兴示范村的创建。

推动城乡融合一体化发展，关键是加强中小城镇建设。贵州省在脱贫攻坚中，坚持以中小城镇发展为牵引，配套建设教育设施、医疗站点、社区服务等公共服务设施，加强路网、电网、电信网络、供水、污水处理等管网建设，同步规划绿化、亮化、美化工程，推动广大农户向现代生活方式转变。此外，还针对搬迁工作，深化户籍制度改革，加快了农村人口向小城镇的流动，推动了城镇化进程，为实现农业农村繁荣发展、乡村全面振兴提供了必要支撑和重要保障。

（四）强化兜底制度，促进农村低保与扶贫开发政策衔接

农村低保制度与扶贫开发关系乡村振兴的长远目标能否最终实现。贵州省在脱贫攻坚中始终强调兜底保障制度的基础性地位，通过加强农村低保与扶贫开发的衔接，尽力弥补影响乡村振兴的短板。为了全面推进农村低保制度与扶贫开发政策衔接，贵州省建立健全"两项制度"对象信息定期比对核实机制。对完全或部分丧失劳动能力的因病致贫、因残致贫和"两无"（无力脱贫、无业可扶）人员，全面落实低保、医保、养老保险、特困人员救助供养、临时救助等综合社会保障政策。与此同时，贵州省进一步健全了农村低保标准稳定提高调整机制，推进农

村低保标准动态稳定地高于国家扶贫标准。在低保管理上,贵州省针对性地实施低保分类施保政策,对农村低保对象中的重残人员、重病患者、老年人、在校学生等特殊群体,在补差发放基本保障金的基础上,再按当地农村低保标准的20%—30%增发特殊困难补助金。此外,贵州省还进一步健全留守儿童、困境儿童关爱救助保护体系,对全省47.5万名留守儿童和15万名困境儿童实现动态监测、责任落实、教育关爱、救助保障"四个全覆盖"。这些措施有效地化解了特定贫困农户的实际困难,最大程度地消除了影响乡村发展的体制短板、长期存在的难点问题及制约因素,为乡村振兴创造了宽松的环境和条件。

六、脱贫攻坚与乡村振兴相衔接之贵州经验

打赢脱贫攻坚战是贵州省告别贫困的终点,也是走向新时代发展和振兴的起点。经过脱贫攻坚,贵州省各级党委、政府坚持以脱贫攻坚统揽经济社会发展全局,鼓起劲来抓发展、弯下腰来拔"穷根"、携起手来奔小康,经济发展实现了史无前例的大踏步前进。2020年,全省地区生产总值达到1.78万亿元,经济总量在全国位次比2015年上升5位。"十三五"时期,规模以上工业增加值年均增长8.6%,数字经济增速连续5年全国第一,农业增加值增速连续4年居全国前列,金融机构贷款余额实现翻番,市场主体超过346万户,常住人口城镇化率超过50%,综合经济实力快速提升,创造了赶超进位的"黄金十年"。

习近平总书记多次强调,要建立脱贫攻坚与乡村振兴的衔接机制。特别是在2020年3月6日召开的决战决胜脱贫攻坚座谈会上,习近平总书记指出:"接续推进全面脱贫与乡村振兴有效衔接。脱贫摘帽不是终点,而是新生活、新奋斗的起点。要针对主要矛盾的变化,理清工作思路,推动减贫战略和工作体系平稳转型,统筹纳入乡村振兴战略,建

立长短结合、标本兼治的体制机制。"[1] 打赢脱贫攻坚战是乡村振兴的前提和基础,实施乡村振兴战略是脱贫攻坚的巩固和深化。作为全国脱贫攻坚主战场之一,习近平总书记对贵州省脱贫攻坚工作多次作出重要指示,要求着眼长远、提前谋划,做好同2020年后乡村振兴战略的衔接。近年来,贵州省坚持以脱贫攻坚统揽经济社会发展全局,在实践中逐渐探索出脱贫攻坚与乡村振兴相衔接的新路径、新模式,为全国巩固脱贫攻坚成果、全面实施乡村振兴战略提供了一个省级样本。

(一) 加强预警监测,巩固脱贫和防止返贫

巩固脱贫攻坚成果,防止返贫,是新时代乡村振兴的重要基础。为打好脱贫成果巩固战,确保脱贫质量和成色,贵州省坚决落实"四个不摘"要求,保持贫困县党政正职稳定,保持财政专项扶贫资金投入力度不减、财政涉农资金整合力度不减,已出列村第一书记和驻村干部继续留驻,对已退出县的党委政府进行年度脱贫攻坚成效考核,将脱贫人口返贫、贫困县退出后续巩固提升等情况纳入成效考核内容。建立"四个不摘"落实情况调度机制,制定4大类15项77个调度指标,每季度对省直有关部门和市、县党委、政府"四个不摘"落实情况进行调度。建立完善防贫预警监测帮扶机制,出台实施办法,对边缘易致贫户、脱贫不稳定户进行入户核查并动态监测管理,采取针对性措施帮扶,确保不出现规模性返贫风险。截至2020年年底,全省累计识别"两类人群"10.59万户42.14万人,已基本消除返贫致贫风险。同时,《中共贵州省委 贵州省人民政府关于乡村振兴战略的实施意见》(黔党发〔2018〕1号)、《中共贵州省委 贵州省人民政府关于实现巩固

---

[1] 习近平:《在决战决胜脱贫攻坚座谈会上的讲话》,新华网2020年3月6日,http://www.xinhuanet.com/politics/leaders/2020-03/06/c_1125674682.htm,最后访问时间:2022年3月24日。

拓展脱贫攻坚成果同乡村振兴有效衔接的实施意见》（黔党发〔2021〕5号）等，对巩固拓展脱贫成果、全面推动乡村振兴作出安排。目前，脱贫较早的县已逐步走上乡村振兴的道路。

（二）加强基层党建，在乡村治理上做到有机衔接

农村要发展，农民要致富，关键靠支部。脱贫攻坚、乡村振兴都离不开党组织的坚强引领，必须充分发挥基层党组织的战斗堡垒作用和党员的先锋模范作用。在决战决胜脱贫攻坚中，贵州坚持党的群众路线，引导贫困群众依靠勤劳双手和顽强意志摆脱贫困、改变命运。激活乡村振兴的内生动力，农民既是实践主体，也是动力来源。实施乡村振兴战略，要充分尊重广大农民意愿，把政府主导和农民主体地位有机统一起来，把广大农民对美好生活的向往化为推动乡村振兴的动力，把维护广大农民根本利益、促进广大农民共同富裕作为出发点和落脚点。要充分保障农民群众的参与权利，引导农民群众参与乡村振兴规划的制定与实施，畅通意见收集、诉求表达渠道，不断激发人民群众的积极性、主动性、创造性。

目前，贵州省由"以党建促脱贫"逐步地转变为"以党建促振兴"，加强组织领导、科学规划和精准设计，在乡村治理上做到有机衔接。一是强化党建引领，做好"五级书记抓扶贫"与乡村振兴的有效衔接，强化组织保障和动员能力，将"党建+"模式全面推广运用到乡村振兴。例如，贵州省镇宁县以"建一个组织、兴一方产业、树一面旗帜"为目标，把党委建在产业链上，将党的政治优势、组织优势、群众优势转化为产业发展优势。二是将扶贫驻村工作队和扶贫第一书记逐步转变为乡村振兴驻村工作队和第一书记，创新驻村工作机制与帮扶制度，探索组建由政府部门、企事业单位和社会组织参与的乡村振兴驻村工作队，优化配合机制，精准助推乡村振兴。三是构建起以村级经济

为基础、以基层党建为保障、以村民自治为支撑、以村庄文化为灵魂的村庄治理体系,坚持自治、法治、德治相结合的原则,确保乡村社会充满活力、和谐有序,并建立起党委领导、政府负责、社会协同、公众参与、法治保障的乡村治理体制,发挥多元主体合作共治的作用,从而解决好"谁来治理""依何治理""如何治理"三方面问题。例如,贵州省安顺市塘约村通过机构改革,实现了村党总支统筹村级发展规划,引领土地流转中心、股份合作中心、金融服务中心、营销信息中心、综合培训中心、权益保障中心6个中心,形成了资产价值化、村民股东化、收入多元化、合作运行制度化,使村民权益得到有效保障,探索出一条乡村治理的现代化道路。

(三) 完善产业体系,在发展连续性上做到有机衔接

产业发展是实现脱贫攻坚和乡村振兴的重要支撑,而推动产业升级是实现两者有机衔接的必然要求。乡村振兴要靠产业,产业发展要有特色。近年来,贵州省围绕农村一、二、三产业融合发展,进一步完善乡村产业体系,推动农业供给侧结构性改革,采取多种措施推动乡村产业扶贫与乡村产业兴旺的衔接与升级。一是因地制宜、因村制宜地实现扶贫产业转型升级。为了从根本上遏制产业扶贫的短期化偏向,避免"各唱各的调、各走各的路",贵州省依托丰富多样的农业资源,以小规模、绿色化为基本导向,坚持"一乡一业"和"一村一品"的特色产业发展路径,构建具有乡土特色和资源优势的产业体系。二是从制度规划上保障产业发展的连续性,确保一张蓝图绘到底。贵州省在制定乡村振兴专项规划时把推进乡村振兴与解决乡村相对贫困问题作为重点,将帮扶工作与乡村振兴工作结合起来。三是大力扶持农业合作社,村村建立合作社、贫困户全部加入合作社,推广党建引领、集体主导的"龙头企业+合作社+农户"带动模式,发展产业化联合体,积极探索壮

大农村集体经济与提高农民组织化相结合的长效机制。例如，贵州省在坚持"三变"改革的发展思路下，通过股权纽带把农村各种资源要素整合到产业平台上来，重点推进"村社合一"和"合股联营"，积极推动村集体与村民"联产联业""联股联心"，从根本上解决了农业合作社发展中出现的"富老板，不富农民"问题，极大激发了农村发展的内生动力。

（四）突出文化引领，在乡村文明上做到有机衔接

文化是乡村的灵魂，文化兴才能乡村兴。乡风文明，是乡村振兴的紧迫任务，要深入挖掘、继承、创新优秀传统乡土文化。近年来，贵州通过文化引领，倡导新型乡村精神，在农村营造健康向上的文化环境，推动脱贫攻坚与文化振兴的有效衔接。一是把培育和践行社会主义核心价值观的根本要求贯穿始终，将"文明种子"撒遍农村大地。通过教育引导、舆论宣传、文化熏陶、道德教化、实践养成和制度保障，摒弃乡村陋习，形成良好的家风乡规。二是做好"扶智""扶志"与文化振兴的有效衔接。通过"扶贫扶志扶智"并举，将乡村文化建设的大舞台搬到田间地头和农村院落，培育文化新风，以乡村文明推动美丽乡村建设。例如，贵阳市云岩区的"百姓宣讲团"，以农民带动农民，以农民改变农民，选聘致富模范、新乡贤等为讲解员，为村民分析讲解农村发展机遇、惠农政策，倡导文明新风，让农民群众在家门口就能学到科学文化知识。三是通过创办乡村振兴"农民讲习所"，弘扬积极进取的优秀传统文化。例如，贵州省毕节市探索建立"新时代农民讲习所"，把党的政策、发展思路、农业技术带到了农民家门口，真正成为启民智、聚民心的"大讲堂"。

（五）强化人才支撑，在智力支持上做到有机衔接

人才是打赢脱贫攻坚战和推动乡村振兴战略的核心动能。人才振兴是乡村振兴的基础，要创新乡村人才工作体制机制，充分激发乡村现有人才活力，把更多城市人才引向乡村创新创业。贵州省充分认识到乡村振兴的实现，必须解决好"谁来振兴"问题，从而把实现"激活存量"和"吸纳增量"作为强化人才支撑、做好统筹衔接的关键。一是把在脱贫攻坚工作中有想法、有经验、有办法的优秀人才充分利用起来，因为这部分人才懂农业、爱农村，在带领群众致富、发展乡村产业方面拥有发言权、最有带动力。二是坚持共建、共管、共享，最大程度地激发广大农民群众的积极性、主动性，夯实乡村振兴最大主体的内生动力，彻底解决"干部干，农民看"现象。三是出台"乡村人才振兴行动计划"，以"内育"培养乡土人才，通过加强教育和培训，使其成为乡村振兴的"领头雁"；以"外引"促进乡村人才的最优配置，通过引进懂科技、懂管理、懂市场、懂法律的现代化人才，为乡村振兴战略提供坚实的人才支撑和智力保障。

（六）坚持绿色发展，在生态宜居上做到有机衔接

习近平总书记在党的十九大期间参加贵州省代表团讨论时提出，贵州要守好发展和生态两条底线，开创百姓富、生态美的多彩贵州新未来。近年来，贵州省从生态保护、农业新业态、农业标准化生产方面促进农村地区绿色发展，努力构建从村容整洁到生态宜居的衔接机制，进一步提升农村环境质量，让脱贫人口更好地安居乐业。一是继续以"绿水青山就是金山银山"思想为指导，守好发展和生态两条底线，实施大生态战略行动，打好污染防治攻坚战，将生态振兴与产业振兴融合

起来,充分发挥自然生态优势,因地制宜发展生态旅游、生态康养、特色餐饮等新产业、新业态,构建更具竞争力的生态产业体系;二是重点推进生态环境治理机制创新,强化生态修复和生态保护,积极探索适合贫困地区的人居环境治理方式,全面建设贫困地区的生态宜居乡村;三是加快推进国家生态文明试验区建设,着力在"山更秀、水更清、天更蓝、空气更清新"上下功夫,高标准打造美丽中国的"贵州样板"。在保留乡村元素的基础上,充分征求当地群众意见,努力实现"望得见山,看得见水,留得住乡愁"的美丽新农村。

"看似寻常最奇崛,成如容易却艰辛。"脱贫攻坚是迄今为止贵州历史上最伟大的工程之一,是贵州大地上发生的最深刻蜕变。66个贫困县全部脱贫摘帽,在短短5年内减少贫困人口507万人,使贵州省一举撕掉了长期以来困扰自身发展的"绝对贫困"标签。贵州在脱贫攻坚中创造了减贫人数、搬迁人口全国最多的奇迹,在世界反贫困史上也留下了独特的篇章。贵州脱贫攻坚的巨大历史成就,蕴藏于中国特色社会主义经济、政治和文化优势之中,内生于中国国家治理和社会治理的变革进程,是中国特色社会主义迈向现代化新征程的一个重要分水岭和历史性标尺。

贵州在中国减贫扶贫事业中的先行先试,贵州为打赢脱贫攻坚战进行的探索和创新,贵州围绕脱贫攻坚确立的目标体系、政策体系、责任体系、投入体系、保障体系、监督体系、评估体系,与中国其他地区探索出来的经验共同构成了中国和世界减贫脱贫事业的宝贵财富,在新时代中国特色社会主义中将持久性地发挥影响,将为贵州省开启全面建设社会主义现代化新征程奠定坚实的基础。

后 记

党的十八大以来,贵州省委、省政府全面贯彻落实习近平总书记关于脱贫攻坚的重要论述,把脱贫攻坚作为头等大事和第一民生工程,坚持以脱贫攻坚统揽经济社会发展全局,制定和实施了一系列脱贫攻坚战略,取得了辉煌的成就。到2020年11月底,贵州省顺利实现了全面脱贫的战略目标。在脱贫攻坚过程中,贵州各级党委和政府因地制宜,大胆开拓创新,充分利用省内外各方面的资源,并通过体制机制改革,激发社会各阶层的活力和动力,形成了政府、社会、市场协同推进和专项扶贫、行业扶贫、社会扶贫等多方力量、多种举措有机结合的大扶贫格局,走出了一条脱贫攻坚与体制机制改革相互促进、扶贫开发与乡村振兴相衔接的发展新路。本书力图对贵州省脱贫攻坚行动进行较为全面和系统的总结。

本书是2020年度中国社会科学院和贵州省院省合作项目"贵州脱贫攻坚的制度优势、理论创新和实践研究"的最终成果。项目主持人为中国社会科学院马克思主义研究院原党委书记、现中国社会科学院政治学研究所党委书记樊建新研究员,项目组主要成员包括中国社会科学院马克思主义研究院思想政治教育研究室原主任侯为民研究员、中国社会科学院马克思主义研究院政治经济学研究室主任张福军副研究员、贵州省社会科学院马克思主义研究所所长郭丽研究员、中国社会科学院马克思主义研究院马克思主义发展史研究室彭五堂副研究员、中国社会科

后记

学院马克思主义研究院办公室齐建国主任。为了全面总结贵州脱贫攻坚的新成果、新思路和新做法，项目组成员克服新冠肺炎疫情造成的困难，多次赴贵州调研，与贵州省相关部门领导及贵州省社会科学院的专家学者进行座谈交流，并深入企业、社区、乡村和农户进行深度调研访谈，获得了丰富的一手资料，保证了项目研究的顺利完成。

在调研过程中，项目组得到了贵州省社会科学院吴大华书记、张学立院长，文化研究所高刚所长，农村发展研究所李华红所长，民族研究所罗剑所长，科研处许峰处长、戈弋副处长等领导和专家学者的大力支持和帮助；得到了贵州省委宣传部、省大数据发展管理局、省民政厅、省教育厅、省农业农村厅、省卫生健康委员会、省生态移民局和黔南布依族苗族自治州、遵义市、铜仁市、黔东南苗族侗族自治州、安顺市、六盘水市、毕节市，以及平塘县、都匀市、仁怀市、江口县、玉屏侗族自治县、铜仁市大龙经济开发区、雷山县、丹寨县、镇宁布依族苗族自治县、六枝特区、六盘水市水城区、织金县等地领导的大力配合，特表示衷心的感谢！项目组十分感谢贵州省扶贫办政策法规处叶波处长、人民日报社经济社会部农村采访室主编高云才先生、中国人民大学杨其静教授、中国政法大学邰丽华教授、首都经济贸易大学徐则荣教授对本书提出的宝贵意见和建议。项目研究过程中也充分借鉴吸收了近年来理论界的相关研究成果，在此一并表示感谢！

本书撰写过程中的调研与写作时间较为仓促，加之受疫情的冲击，许多计划中的调研被迫中断或取消，因此对贵州脱贫攻坚中的成就和经验的总结可能不够全面和深入。恳请各位专家学者提出宝贵的意见和建议，便于作者进一步修改完善。

樊建新

2021 年 9 月